मेरी नज़र में मेरा चांद

ग़ज़लियात

मेरी नज़र में मेरा चाँद

ग़ज़लियात

रवीन्द्र चसवाल 'रफ़ीक़'

वाणी प्रकाशन

प्रकाशन के उत्कृष्टतम 62 वर्ष

पेपरबैक पहला संस्करण : 2025

vaniprakashan.com

वाणी प्रकाशन

4695, 21-ए, दरियागंज, नयी दिल्ली-110 002

फ़ोन : + 91 11 23273167, 23275710

शाखाएँ

अशोक राजपथ, पटना-800 004, बिहार

कॉफ़ी हाउस कैम्पस, महात्मा गांधी मार्ग, प्रयागराज-211 001, उत्तर प्रदेश

महात्मा गांधी अन्तरराष्ट्रीय हिन्दी विश्वविद्यालय, वर्धा-442 001, महाराष्ट्र

sales@vaniprakashan.in
vaniprakashan@gmail.com

Meri Nazar Mein Mera Chand
by Ravindra Chaswal 'Rafiq'

ISBN : 978-93-6944-177-8
Ghazal

मूल्य : ₹ 399

जी.एस. ऑफ़सेट, दिल्ली-110 095 में मुद्रित

वाणी प्रकाशन का लोगो मक़बूल फ़िदा हुसैन की कूची से

मुझ पर तिरी नज़र हो
हर शेर पुर असर हो

...वालिद (बाजी) से दुआ

पेश लफ़्ज़

वक़्त के साथ-साथ बहुत से साज़ों ने दम तोड़ दिया और उनकी जगह कुछ नये साज़ वजूद में आ गये। बहुत-सी आवाज़ों ने दम तोड़ दिया और उनकी जगह दीगर आवाज़ों ने ले ली। कई फ़ुनून-ए-लतीफ़ा वक़्त के साथ-साथ फ़ना हो गये और उनकी जगह नये इंटरटेनमेंट के ज़राए ने पुर कर दी। मगर जहाँ तक शायरी का सवाल है तो शायरी कल भी ज़िन्दा थी, आज भी ज़िन्दा है और रहती दुनिया तक ज़िन्दा रहेगी। शायरी में मीर-ओ-ग़ालिब के पेश रो शोअरा से लेकर माज़ी क़रीब के शोअरा तक के अशआर अपनी उसी आब-ओ-ताब के साथ ज़बान ज़द आम हैं और शायरी का सिलसिला मीर-ओ-ग़ालिब जैसे जय्यद शोअरा के बाद भी रुका नहीं बल्कि आज तक जारी है और रहती दुनिया तक जारी रहेगा। शायरी इन्सानी जज़्बात के इज़हार का बेहतरीन वसीला है। अपनी शायरी की ख़ुशबू से एक शायर वहाँ तक रसाई हासिल कर लेता है जहाँ तक एक आम इन्सान का पहुँचना नामुमकिन है। कुछ ऐसा ही मुआमला हमारे और कर्नल रवीन्द्र चसवाल साहब के माबैन है।

ज़ेर-ए-नज़र शेरी मजमुआ 'मेरी नज़र में मेरा चाँद', कर्नल रवीन्द्र चसवाल साहब का है और ब-हैसियत शायर 'रफ़ीक़', तख़ल्लुस इख़्तियार करते हैं। कर्नल रवीन्द्र चसवाल साहब से मेरी मुलाक़ात कुछ अरसा क़ब्ल लखनऊ के एम-बी-क्लब में हमारे मुश्तर्का दोस्त एडवोकेट सुनील शर्मा साहब के तवस्सुत से हुई थी। एक फ़ौजी अफ़सर के रोबदाराना मिज़ाज के बरअक्स उनकी मुंकसिर-उल-मिज़ाजाना तबीयत और उनके कलाम ने काफ़ी हद तक मुतास्सिर किया।

क़दमा के मुताबिक़ शायर दो तरह के होते हैं—अव्वल फ़ितरी शायर, दोयम हादसाती शायर। मैंने कुछ अरसा पहले फ़िराक़ गोरखपुरी साहब को भी एक पुराने इंटरव्यू की वीडियो क्लिप में ये वज़ाहत करते सुना है। उन्होंने उसी इंटरव्यू में ख़ुद

को हादसाती शायर की फ़ेहरिस्त में शुमार किया था। बहरहाल पैदाइशी या फ़ितरी शायर वो होता है जिसकी तबीअत का मीलान कम उमरी में ही मौज़ूनियत के साथ शायरी की जानिब हो जाये। इसे शोअरा की ज़बान में मौज़ूतबा होना कहते हैं। इस फ़ेहरिस्त में हम मीर-ओ-ग़ालिब से लेकर मौजूदा अहद के कुछ अहम शोअरा को भी शुमार कर सकते हैं। हादसाती शायर हम उसे कहते हैं जिसके अंदर किसी हादसे के असरात से शायरी ने अँगड़ाइयाँ ली हों। हादसाती शोअरा की फ़ेहरिस्त में भी कई अहम नाम हैं। जैसा कि मैं ऊपर ज़िक्र कर चुका हूँ कि फ़िराक़ साहब ने ख़ुद को भी हादसाती शायर बताया था।

हादसे ख़ूबसूरत भी हो सकते हैं तकलीफ़ देह भी। बहरहाल हादसे की नवैअत के एतबार से ही एक शायर के अन्दर शायरी का ख़मीर तैयार होता है और उसके बाद उसकी शायरी अपने मौज़ू का तअय्युन करती हुई आलम-ए-वजूद में आती है। हादसाती शायरी उम्र की मोहताज नहीं होती, ये किसी भी उम्र में मेहरबान हो सकती है। इसीलिए बसा औक़ात एक उम्र गुज़रने के बाद वारिद होने वाली शायरी में अमूमन फ़न्न-ए-शायरी का फ़ुक़दान होना कोई बड़ी बात नहीं है मगर एक संजीदा शायर मुसलसल मश्क़ ए सुख़न और मुताले की बदौलत उस कमी को दूर करके उस्ताद शायरों की फ़ेहरिस्त में अपना नाम दर्ज करवा लेता है।

रवीन्द्र चसवाल 'रफ़ीक़' साहब के मजमुए को पढ़कर अन्दाज़ा लगाना मुश्किल नहीं कि इनकी शायरी भी हादसे के सबब वजूद में आयी है। मगर ख़ुशक़िस्मती से ये ख़ूबसूरत हादसे के शिकार हुए हैं जिसे हम मुआमलात-ए-ईश्क़ से ताबीर कर सकते हैं। इनकी ग़ज़लों में नाज़-ओ-नियाज़, हिज्र-ओ-विसाल और मुआमला बन्दी मेरे दावे की गवाही के लिए काफ़ी हैं। हालाँकि ऐसा नहीं है कि इनकी ग़ज़लों में सिर्फ़ ग़म-ए-जानां ही जलवागर है बल्कि कहीं-कहीं ग़म-ए-दौराँ का इज़हार भी नज़र आता है। इसलिए इनकी शायरी को एक ही फ्रेम में क़ैद करना हक़-ब-जानिब न होगा ।

अपने फ़राइज़-ए-मंसबी को निभाते हुए अपने अन्दर के शायर को ज़िन्दा रखना भी किसी कमाल से कम नहीं है और मंसब भी वो कि जिसमें ग़फ़लत की ज़रा भी गुंजाइश न हो। इन पेचीदा हालात में भी अगर कोई शख़्स मश्क़-ए-सुख़न के ज़रिये अपनी शायरी को ज़िन्दा रखे हुए है तो उसके कलाम को बजाये ऐब जूई या तनक़ीदी नज़र से परखने के उसके हौसले की दाद देना चाहिए। वैसे भी ये रफ़ीक़ साहब का पहला मजमुआ है और मज़कूरा बाला इबारतों की रौशनी में इनसे ग़ज़ल के फ़न और लवाजमात-ए-बहर की मुकम्मल दस्तरस की उम्मीद करना

नाइन्साफ़ी होगी। अकाबरीन-ए-अदब का क़ौल भी है कि जैसे-जैसे शायर बूढ़ा होता है, वैसे-वैसे उसकी शायरी जवान होती है। उनके **मजमु** कलाम के मुताले से एक बात और भी नज़र आती है कि उन्होंने कुछ अल्फ़ाज़ को नया जामा पहनाने की कोशिश की है। अब इसमें वो किस हद तक कामयाब हुए हैं, ये फ़ैसला मैं अहल-ए-नज़र पर छोड़ता हूँ। इस किताब के सर-ए-वरक़ पर उनका ये शेर–

इतना सवाब साक़ी तूने कमा लिया है,
तेरी शराब पीकर काफ़िर बदल रहे हैं।

इस शेर में उनकी शायराना सोच के मसबत पहलू क़ाबिल-ए-ग़ौर हैं। बहरहाल मुझे उम्मीद ही नहीं, यक़ीन-ए-कामिल है कि मुस्तक़बिल में इनकी शायरी मजीद रौशन और ताबनाक होगी।

तश्ना आज़मी
538B/01/43 दीन दयाल नगर
खदरा, लखनऊ - 226020
मो. 9335066800

मेरी क़लम से

मेरे वालिद जनाब कोष राज चसवाल का जन्म रावलपिंडी में हुआ और उर्दू ही वो ज़बान थी जिसमें उन्होंने लिखना पढ़ना सीखा। मुल्क के बंटवारे के वक़्त वो हिंदुस्तान आए और अपनी तालीम पूरी की। उर्दू ज़बान से उनका रिश्ता बरकरार रहा लेकिन रोज़ी रोटी की दौड़ धूप ने उन्हें शायरी करने का वक़्त नहीं दिया। नये मुल्क में अपना पसीना बहा कर कमाई करना और पढ़ाई करना बेहद मुश्किल था और फिर तिनका तिनका जोड़ कर उन्होंने एक नई ज़िंदगी की शुरुआत की। इन तमाम मुश्किलों के बावजूद उनकी ईमानदारी, ख़ुद्दारी, बेबाक लहजा और ज़िंदगी के हर पहलू को शायराना अन्दाज़ से देखने की काबलियत ने उनका दामन कभी नहीं छोड़ा। जब भी मौका मिलता तो वो अपने अज़ीज़ दोस्त जनाब जगदीश चंद्र बत्रा साहब के साथ मुशायरों में जाते। और वहाँ से आकर कुछ मक़बूल शेर मुझे सुनाते। उर्दू के अलावा उन्हें अंग्रेज़ी के नॉवेल पढ़ने का बेहद शौक़ था और उनकी ये आदत हम दोनों भाइयों को भी लग गई जो आज तक सलामत है। इल्म के ख़ज़ाने में अगर उनका तजर्बा चार चाँद लगा रहा था तो उनकी निहायत आज़ाद सोच उस चाँद को पूनम बनाती थी। हम भाई उनसे ज़िंदगी के किसी भी पहलू पे बात कर सकते थे। और ये आज़ाद ख़याली हम भाइयों की रग रग में समा गई। उन्होंने हमें अपने फैसले लेने लायक बनाया और अपने फैसले लेने का हक़ भी दिया। इसलिए अपने वालिद की बहुत गहरी और अमिट छाप मेरे किरदार पे है। ये छाप मेरी शायरी में झलकती है और मुझे इस बात का फ़ख्र है कि अपने वालिद से मिली विरासत को भूला नहीं। मेरी शायरी में जो कुछ अच्छा है वो उनकी देन है और जो अच्छा नहीं है वो मेरी कमज़र्फी।

मेरी माँ बहुत सरल स्वभाव की महिला थीं। उनके दिल में अपार ममता भरी थी जो मुझे खास कर ज़्यादा मिलती थी क्यूंकी मैं घर में सबसे छोटा था। वो मेरी तमाम

ग़लतियों को अपने सीने में यूँ छुपा लेती थीं मानो एक समंदर अपनी गहराइयों में हर उस छोटी मछली को छुपा लेता है जिसके पीछे कोई मगरमच्छ लगा हो। उनके बिना वाकई गर्मी की तपिश बहुत ज़्यादा महसूस होती है। उनके होते हमेशा लगता था कि एक सरमाया है जो मुझे हर बुरी नज़र और तकलीफ़ से बचा लेगा। उनके जाने के बाद ही भगवान के सामने सर झुकाने की ज़रूरत महसूस हुई। मेरी शायरी में जब भी नर्म दिली, माफ करने का हौसला और भगवान की रहमत का जिक्र आता है, सब उनकी बदौलत है।

मेरे माँ और पिता की एक अमिट छाप मेरे रोम रोम में है लेकिन मैं उनका वो बरखुरदार बेटा नहीं बन सका जिसकी मुझे और उन्हें भी उम्मीद थी। वो तमाम लम्हे जो मुझे उनके साथ गुज़ारने चाहिए थे मैंने ज़ाया कर दिए और इस गलती के लिए मैं अपने आप को कभी माफ़ नहीं कर सकूँगा। अब तो सिर्फ शर्मिंदगी और पछतावा है।

मेरे माँ बाप के जाने के बाद मेरे बड़े भाई साहब जनाब राजेन्द्र जी ने मेरे पिता की जगह ले ली और उनके सीने में सर छुपा कर लगता है के दुनिया की सारी तकलीफ़ों के सामने वो दीवार बन कर खड़े हैं। और मेरी भाभी श्रीमती एकता चसवाल जी ने मेरी माँ की तरह ममता के साथ मेरा ख़याल रखा। भाभी जी वो डोरी हैं जिसने हमारे परिवार को बाँध कर रखा है। मेरे भाई साहब का मस्त मौला पन भी मेरी शायरी में बग़ैर कोशिश किये शामिल है क्योंकि दरअसल बचपन से ही भाई साहब मेरे हीरो रहे हैं। मेरे भाई साहब और भाभी जी के बिना मैं अधूरा हूँ और अब ये जो गलती अपने माँ बाप के मातहत हुई वो इनके साथ कभी नहीं होने दूंगा।

मेरे फौजी पेशे ने मुझे पूरे भारत को बेहद क़रीब से देखने का ख़ूबसूरत मौक़ा दिया और हर जगह के लोग और उनके रीति रिवाज सच में बेहद ख़ूबसूरत हैं। सच में मेरा देश 'सारे जहाँ से अच्छा' है। और अपने कंधे पे अशोक चिन्ह पहनने का जो अवसर मुझे मिला मैं इस गौरव के लिए ईश्वर का सदा क़र्ज़दार रहूँगा। कई बार लोग मुझसे सवाल करते हैं की फौज में नौकरी करने वाला इश्क़, मोहब्बत और ज़िंदगी की शायरी कैसे कर सकता है। मैं उन सभी से कहता हूँ के फ़ौज में मौत को इतने क़रीब से देख कर ही मुझे इश्क़, मुहब्बत और ज़िंदगी का सही मतलब समझ आया है। जो सहरा की तपती रेत पर चला हो उसे ही ठण्डे पानी का सही माएने में स्वाद समझ आता है। जो ठंडे कमरे में बैठा हो उसके लिए ठण्डे पानी की अहमियत क्या है? भूख लगी हो तो खाना ज़ायकेदार लगता है और पेट भरा हो

तो दस ख़ामियाँ नज़र आती हैं, नमक ज़ियादा या कम से लेकर न जाने कहाँ तक। मुझे तो फ़ौज ने दुश्वारियाँ दिखला कर आराम का सही मतलब समझ दिया लेकिन फ़ौज में मेरे जवानों ने मुझे ये भी सिखाया कि हर मुश्किल मुस्कुराहट और साथियों के साथ से आसान हो जाती है।

और इसी सफ़र के दौरान मेरा तबादला औरंगाबाद महाराष्ट्र में हुआ। औरंगाबाद में मेरी मुलाकात जनाब ख़ान शमीम ख़ान से हुई और फिर जो हुआ इस किताब में है। ख़ान साहब ने मुझे बहर को महसूस करने की वो तालीम दी जिसकी वजह से ये शायरी का सफ़र नामा आगे बढ़ सका। ख़ुद वो नज़्म के बेहद आला शायर हैं लेकिन ग़ज़ल की तमाम बारीकियों से मुझे उन्होंने वाक़िफ़ कराया। ख़ान साहब से जल्दी ही ऐसा रिश्ता बन गया के वो दोस्त भी हैं और बड़े भाई भी और खैरख्वाह भी। शायरी को लेकर दिन में कई बार उनसे बात होती है और वो हैं कि हमेशा मुझे राह दिखाते हैं। मेरी शायरी का हर हर्फ़ और लफ़्ज उनका अहसानमंद है।

औरंगाबाद में ही एक और करिश्मा हुआ। मैं उर्दू के बेहद मुश्किल लफ़्ज़ लिख कर समझता था कि मेरी शायरी और कामयाब हो रही है। तब एक रोज़ मेरी मुलाकात डॉ भारती गोरे से हुई और उन्होंने बातों बातों में मुझे बताया के ग़ज़ल अगर मुश्किल लफ़्ज़ों से भरी होगी तो बहुत कम लोग उसे पढ़ेंगे और जो ग़ज़ल लोगों तक नहीं पहुँचेगी उसका क्या फायदा? आसान लफ़्ज़ों में भी बेहद अच्छे खयाल बयां किये जा सकते हैं। ऐसी ग़ज़लें लोगों तक पहुंचेंगी और तभी कामयाब होंगी। उर्दू की शायरी में हिन्दी के लफ़्ज़ों के इस्तेमाल से क्या ख़ूबसूरती पैदा होती है ये भी मुझे उनसे सीखने का मौका मिला। ख़ूबसूरती के साथ साथ ऐसी शायरी में हमारे देश की मिट्टी की खुशबू आती है ये भी एहसास कराने के लिए मैं डॉ भारती गोरे का शुक्रगुज़ार हूँ। सच तो ये है के डॉ भारती ने ज़बान के मानिंद मेरा नज़रिया ही बदल दिया। मेरी शायरी डॉ भारती गोरे के इज्ज़त और ख़ुलूस भरे ज़िक्र के बगैर मुकम्मल नहीं हो सकती।

अम्बाला शहर में मेरी मुलाक़ात जनाब डा. 'नफ़स अम्बालवी' साहब से हुई और नफ़स साहब ने सिर्फ शायरी ही नहीं पूरी ज़िन्दगी के कई मानी से मुझे वाकिफ़ करवाया। नफ़स साहब निहायत ख़ूबसूरत शायर हैं और एक नेक इंसान भी। शायरी की कई बारीकियां मुझे नफ़स साहब से सीखने का मौका मिला। शायरी में ग़म ए दौरां का कितना बुलंद मेयार है ये नफ़स साहब की बाबत ही मैं समझ पाया। मैं कितना भी शुक्रिया अदा करूँ लेकिन नफ़स साहब का कर्ज़दार रहूँगा।

कर्नल दिनेश चन्द्र शर्मा (रिटायर्ड) और श्री सुनील शर्मा मेरे बेहद करीबी मित्र हैं। दोनों ही लखनऊ के रहने वाले हैं और शायरी के निहायत अच्छे पारखी भी हैं। मेरी ज़िन्दगी में कभी भी मुश्किल आई तो मेरे इन दोनों दोस्तों ने मेरा पूरा साथ निभाया है और अपनी पूरी ताक़त से मेरी मदद की है। इस किताब के ख़्वाब को ताबीर होने में इन दोनों का बहुत बड़ा हाथ है क्योंकि अगर मेरे ये दो दोस्त मेरा साथ नहीं देते तो ये किताब मुमकिन नहीं होती। इनके तमाम अहसानात मुझे बेहद अज़ीज़ हैं इसलिए मैं शुक्रिया कह कर बात ख़त्म नहीं करूँगा।

मेरे अज़ीज़ दोस्त श्री सुनील शर्मा की मार्फ़त मेरी मुलाकात जनाब तश्ना आज़मी साहब से हुई। तश्ना आज़मी साहब का नाम उर्दू अदब की दुनिया में किसी तार्रुफ़ का मोहताज नहीं है। वो चाहे मुशायरों की महफ़िल हो या फिर उनके कामयाब मजमुए हों जैसे कि 'चाँद की गवाही, क़ातिल लम्हे और सदा ए फिगारां'। मैं तश्ना साहब का बेहद शुक्रगुज़ार हूँ कि उन्होंने अपनी मसरूफियत के बावजूद मेरी इस किताब के लिए 'पेश लफ्ज़' लिखा और वो भी ऐसा कि मेरा सर ख़ुलूस से झुक गया। तह-ए दिल से शुक्रिया तश्ना साहब।

मैं श्री पंछी जालौनवी साहब का निहायत शुक्रगुज़ार हूँ के उन्होंने इस क़दर मसरूफ़ होने के बावजूद मेरे लिए वक़्त निकाला और मेरी ग़ज़लों को परखने के बाद मेरी शायरी के लिए इतनी अच्छी बातें अपनी प्रस्तावना में लिखीं। ये मेरे लिए बहुत अहम बात है और जिस तरह उन जैसी हस्ती ने मेरी तारीफ की, ये मुझे बेहतर लिखने के लिए कारगर साबित होगा।

कल क्या होगा मालूम नहीं लेकिन ये सच है कि अदब की दुनिया में आज मेरा नाम नहीं है। इसके बावजूद 'वाणी प्रकाशन' ने मुझे छापने का फैसला लिया। मैं इस मौके के लिए 'वाणी प्रकाशन' और जनाब अरुण माहेश्वरी साहब का तह-ए दिल से शुक्रगुज़ार हूँ। ये सिर्फ मेरे लिए ही नहीं बल्कि मेरे जैसे बेशुमार नए शायरों के लिए हौसला-अफजाई की ज़िन्दा मिसाल है। मेरी दिली दुआ है कि 'वाणी' की मार्फ़त इस मुल्क में शायरी नए मक़ाम इख़्तियार करे।

ज़ाहिर सी बात है कि कोई अजूबा तो हुआ नहीं और मैंने लिखना शुरू कर दिया। और वो भी एक फौजी हो कर ग़ज़ल और बस ये ही नहीं, ग़ज़ल में भी इश्क़, रूमानियत के बेशुमार चर्चे। ये और इस तरह के कई सवाल होंगे जो तसल्ली बख़्श जवाब की तवक़्क़ो रखते हैं, सबसे पहले मैं इन्हीं का जवाब तफ़सील से देने की ईमानदार कोशिश करूँगा।

मुझे कुछ बातें विरासत में अपने बाउजी (वालिद) जिन्हें हम दोनों भाई प्यार से 'बाजी' बुलाते थे, उनसे मिलीं। पहली ये कि ज़िंदगी को अपनी नज़र और नज़रिये से देखना। दूसरी ये कि ज़िंदगी में रोटी और कपड़े के अलावा भी कुछ सोचना। और तीसरी ये कि महसूस किये जज़्बात को बुलंद आवाज़ में बयाँ करने की जुर्रत। इतनी शदीद विरासत को ले कर ज़िंदगी का सफ़र नामा शुरू हुआ जो बेहद मशक्कत और पसीने से भरा था। ज़िंदगी ने भी इतने धोखे किये के जिनको शुमार करना भी बहुत पहले छोड़ दिया। तो गोया हुआ ये कि एक दिन ऐसा आया जब दिल इस क़दर छटपटाने लगा और भीतर से आवाज़ उठी कि अगर अब भी दिल की बात बयां नहीं की तो बेकरारी से दम निकल जाएगा पर मर कर भी चैन नहीं मिलेगा। जीवन में कई धोखे खाने के बाद भी मेरा ये गहरा यक़ीन है कि अगर कोई शह है जो बदी पे, बुराई पे जीत हासिल कर सकती है तो वो है मुहब्बत। सिर्फ इश्क़ ही आपको ताकत दे सकता है जो हर मुश्किल वक़्त में आपके चेहरे पे मुस्कुराहट ले आए। हर मज़हब, तबके और जमात के लोग, अमीर हों या गरीब बस अमन और मुहब्बत चाहते हैं। जो नहीं भी मिलता पर ख़्वाब में भी इश्क़ तलाशते हैं। नफरत से सियासत की दुकान तो चल सकती है लेकिन ज़िंदगी मुहब्बत से ही कामयाब है। सिनेमा में भी आज तक बुराई पे अच्छाई की जीत और चाहने वालों की मुहब्बत की जीत ही दिखाई जाती है क्यूँकि लोगों के दिल में यही देखने की तड़प है, भले कुछ घंटों के लिए ही सही। हम सब में एक ऐसा इंसान है जिसके दिल में इश्क़ और मुहब्बत बसाये बैठा है, भले खुद किसी वजह से ये सब खो चुका है लेकिन आज भी दुआ करता है के जो इस रास्ते पे निकल पड़े हैं उन्हें कामयाबी हासिल हो। और इस दौरान मेरा तबादला लखनऊ में हुआ जहां मैंने अलिफ़ बे से उर्दू ज़बान सीखी। बस,फिर क्या था? उर्दू ज़बान में शायरी पढ़ने लगा। मेरे पसन्दीदा शायर हैं अहमद फराज़, बशीर बद्र, वसीम बरेलवी, अहमद नदीम कासमी, फिराक़ गोरखपुरी, साहिर लुध्यान्वी और शायरा परवीन शाकिर। इन सभी की कलम की सियाही इश्क़ और मोहब्बत में डूबी है और अपनी ज़िंदगी की बेकरारी बयां करती है।

अब बात आती है के दिल की बात का इज़हार करने के लिए ग़ज़ल ही क्यूं? अगर ग़ज़ल में पाबंदी है क़ाफ़िये, रदीफ़ और बहर की तो हर शेर में एक अलग जज़्बे को बयां करने की बेइंतिहा आज़ादी है। अपने तमाम जज़्बात का इज़हार करने के लिए मुझे ग़ज़ल ही सबसे मुनासिब ज़रिया लगी। तो जनाब नतीजा ये है

कि मैं गरीब अपनी झोली में ग़ज़लें लिए हाज़िर हूँ और आपने तय करना है कि मेरी ये मासूम कोशिश आपको पसन्द आई या नहीं। लेकिन मैं ये साफ करना चाहूँगा कि जो कुछ आपको पसन्द आया तो वो उन तमाम लोगों की देन है जिनका ज़िक्र मैं कर चुका हूँ, और जो पसन्द नहीं आया वो मेरी कमज़र्फी।

–रवीन्द्र चसवाल 'रफ़ीक़'

भूमिका

रवीन्द्र चसवाल 'रफ़ीक़' साहब ने उर्दू शायरी में अपने जदीद लहजे, ज़बान के रख-रखाव और तख़लीकी सलाहियतों से पासबान ए अदब में बहुत जल्द अपना मेयार बनाया है। आपका पहला शेरी मजमुआ 'मेरी नज़र में मेरा चाँद' इस वक़्त मेरे हाथों में है, जिसे पढ़कर मुझे कहीं-कहीं रिवायती शायरी की झलक तो मिलती रही मगर इसके साथ-साथ मौजूदा मसाइल, रोज़मर्रा की ज़रूरतों और ज़िंदगी के उतार-चढ़ाव के छोटे-छोटे मंज़र भी कभी अठखेलियाँ खाते और कभी सिसकते नज़र आये

ये मेरे जिस्म पर हैं ज़ख़्म मेरे
मैं अपने हक़ में ख़ंजर हो गया हूँ

रवीन्द्र रफ़ीक़ साहब की शायरी में एक ख़ूबी ये भी है कि तमाम तर तजुर्बाती नयेपन के बावजूद उनके शेर कभी बेमज़ा नहीं होते और बार-बार आपको नये एहसासात से दो-चार करते हैं। मिसाल के तौर पर आपका ये शेर पेश-ए-ख़िदमत है–

बादाकशी में उम्र कटी जिसकी दोस्तों
लो अब सुना रफ़ीक़ भी मौलाना हो गया

इस शेर में क्लासिकी शायरी की सौंधी ख़ुशबू का एहसास बहुत ही नुमाया तौर पे नज़र आता है। लेकिन इसमें फनी हुनरमंदी का कमाल ये है कि पुरानी से पुरानी तस्वीर को नये फ्रेम में कुछ इस ज़ाविये से जड़ने का काम किया गया है जिसे आप फिक्र की पायदारी और जदीद लहजे की बहुत ही मुअस्सर अंदाज में सुख़न परवरी भी कह सकते हैं।

रवीन्द्र 'रफ़ीक़' साहब ने अपनी तख़लीकी सलाहियतों से एक नई दुनिया के इमकानात की ख़बर दी, ज़बान की हदों को अपनी शायरी के जरिये फैलाव बख़्शा

और अपने आसपास के अल्फाज़ को जमा करके उनमें नये-नये मानी पैदा किये। ये आपकी शायरी का एक बड़ा कारनामा जो एक बड़ी रियाज़त के बाद किसी लिखनेवाले को हासिल होता है। 'मेरी नज़र में मेरा चाँद' रवीन्द्र 'रफ़ीक़' साहब की ग़ज़लों का पहला शेरी मजमुआ है। इस मजमुए के एक शेर से ही मेरा यकीन है, आप उनकी फनी और तख़लीकी जोर-ए-कलम से वाकिफ़ हो जायेंगे।

दोनों है एक जैसे हो इश्क या इबादत
जो यार हमनफ़स है वो यार ही ख़ुदा है

रवीन्द्र 'रफ़ीक़' साहब बहुत दूर तक अपना शेरी सफर तय करें और अदब के आसमान पे एक नये सूरज की तरह हम सबको नई रौशनी फ़राहम करें, इन्हीं दुआओं के साथ–

पंछी जालौनवी
मुंबई

इतना सवाब साक़ी तूने कमा लिया है
तेरी शराब पी कर काफ़िर बदल रहे हैं

अनुक्रम

चन्द नज़्में

1

मेरी नज़र देखे जिधर जलवा तिरा दीवानगी
मेरे सनम तू ही ज़मीं तू ही फ़िज़ा दीवानगी

मिलता नहीं है हमज़बाँ तू ही बता जाऊं कहां
मैंने कहा कुछ भी नहीं उसने सुना दीवानगी

मौजूद है वो हर जगह लम्हा नहीं उसके बिना
दुनिया मुझे तन्हा कहे उसकी सदा दीवानगी

नाराज़ है मुझसे ख़ुदा उसको न मैं सजदा करूँ
जब आशिक़ी हो बंदगी दिलबर ख़ुदा दीवानगी

वो बन गया जो हमसफ़र चलता रहे अपना सफ़र
फिर रास्ता जाए कहीं हम काफ़िला दीवानगी

महकी फ़िज़ा बहकी हवा गहरा नशा होने लगा
उस पर तिरी आँखें कहें नज़दीक आ दीवानगी

दिल की ज़बाँ दिल को सुना दिल में बसा दिल में समा
इक तू 'रफ़ीक़'[1] ए जाँ सनम दुनिया भुला दीवानगी

---

1. रफ़ीक़ : दोस्त ; लेकिन यहाँ शायर थे उपनाम के रूप में प्रयुक्त

2

मैं हूँ कौन और क्या हूँ मेरे चारगर[1] से पूछो
जो हुआ है मुझसे ग़ाफ़िल उसी बेख़बर से पूछो

सर-ए-शाम पी रहा हूँ यूँही अश्क अश्क सागर
तेरा हिज्र[2] क्या नशा है मेरी चश्म-ए-तर[3] से पूछो

कहाँ दिन बिता रहा हूँ कहाँ रात हो रही है
जो बिछड़ गया हो घर से उसी दर-ब-दर से पूछो

वो सबा[4] है, मौज है वो, वो शफ़क़[5] है, चाँदनी भी
वो कहाँ कहाँ नहीं है किसी दीदावर[6] से पूछो

मैं समझ यही रहा था वो ख़याल की ख़लिश है
वो हुआ है कब से मेरा उसी हमसफ़र से पूछो

हुआ बज़्म-ए-दोस्ताँ[7] में वो 'रफ़ीक़' क्यूँ न शामिल
ये अदावतें8 हैं जिसकी उसी कमनज़र से पूछो

---

1. चिकित्सक, वैद्य; 2. जुदाई; 3. नम या शोकाकुल आँख; 4. पूर्वी हवा; 5. सूरज की लाली; 6. द्रष्टा, पारखी नज़र रखने वाला; 7. दोस्तों की महफिल; 8. दुश्मनी, द्वेष।

3

आँख में कुछ नमी सी रहती है
ज़िंदगी में कमी सी रहती है

दिल की इस झील पर हमेशा ही
एक काई जमी सी रहती है

मेरे बिस्तर की सिलवटों में अब
याद उसकी थमी सी रहती है

दोस्ती है तमाम दुनिया से
ख़ुद से ही दुश्मनी सी रहती है

मैं अगर तुझ से टूट भी जाऊँ
फिर भी कुछ हमदमी[1] सी रहती है

आइना चूर चूर है लेकिन
एक सूरत रमी सी रहती है

हर सितम है 'रफ़ीक़' पर नाज़िल[2]
दिल में इक बरहमी सी रहती है

---

1. दोस्ती; 2. अवतरित।

4

सरगोशी[1] ने मौत की फिर से जीना सिखा दिया
नज़रों के इक जाम ने मुझको पीना भुला दिया

हम दोनों के बीच में अब तो कोई भरम नहीं
अंगारों की आँच ने झूठी मैं को जला दिया

सरकश हर इक मौज[2] थी, दरिया भी था ग़ुरूर में
तूफ़ानों के गाँव में हम ने रस्ता बना दिया

हंगामों के दौर में पल दो पल का सुकूँ[3] मिला
कल शब मीठी नींद में उसने मुझको सुला दिया

ऐसी आँधी तेज़ थी दोनों तिनके हवा हुए
दुनिया की इस भीड़ में उसने हमको मिला दिया

परबत जंगल छान कर फिर भी जोगी कहाँ बना
मुझको मेरे यार ने प्रेम प्याला पिला दिया

---

1. हलकी आवाज़; 2. लहर; 3. चैन।

5

जगा के अरमाँ वो मुस्कुरा कर चला गया है
मुहब्बतों के हसीन सपने दिखा रहा है

बहक न जाऊँ वो मेरे अंदर दहक रहा है
कभी था बाहर जो मेरे भीतर समा चुका है

सबा[1] से पूछा कि आज कैसे महक रही हो
वो बोली तेरे सनम का आँचल जो छू लिया है

जनम जनम से थी जिसकी मुझको तलाश मिलता
उसी सनम को नसीब अपना बना लिया है

गुलों की ख़ुशबू जिसे हो प्यारी चमन में जाए
सदा से तेरी ये दिल का आँगन सजा हुआ है

ज़मीन पर तो नहीं मिला है रफ़ीक़ कोई
कहूँ मैं कैसे कि उसका जलवा भी क्या बला है

---

1. पूर्वी हवा।

6

तूफाँ हमारे दिल पे गो[1] बेशुमार गुज़रे
गुज़रे मगर जहाँ से हम पुर[2]-वक़ार[3] गुज़रे

मुझको क़दम क़दम पर वो ज़ख़्म दे रहा था
फिर भी उसी गली से हम बार बार गुज़रे

हर लम्हा ज़िंदगी था जो तेरे साथ गुज़रा
मक़तल[4] के इस सफ़र में दीवानावार गुज़रे

सावन में उसको मैंने जब पहली बार देखा
फिर बारिशों में दिल पर कितने शरार[5] गुज़रे

इक नाम के सहारे हम चल रहे थे वर्ना
जब हमसफ़र नहीं था लाखों गुबार गुज़रे

सरगोशियों में उसकी थी आज दिलफ़रेबी
हम भी 'रफ़ीक़' वाँ से अब दिल-फ़िगार[6] गुज़रे

---

1. अगर; 2. भरपूर; 3. गौरव, प्रतिष्ठा; 4. वधस्थल; 5. चिंगारी; 6. घायल दिल।

7

हर लम्हा जी लिया है हर ग़म भुला दिया है
इक याद है कि जिस से दिल फिर भी आश्ना है

हम चाहे डूब जाएँ या फिर मिले किनारा
सब झूठ नाख़ुदाई बस तेरा आसरा है

यादों के क़ाफ़िले तो कब के बिछड़ गये हैं
है इक नया दरीचा[1] जो मुझ पे खुल रहा है

जी जी के मर रहे हैं मर मर के जी रहे हैं
अब ज़िंदगी है जितनी बस एक मरसिया[2] है

मैख़ाना ख़ाली ख़ाली साक़ी भी है नदारद
तेरा नाम ले के पी लूँ तिरा नाम इक नशा है

अब तुझ से क्या बताएँ बरसों के रतजगों[3] को
ख़ुद लोरियाँ सुना कर हमने सुला दिया है

हम ऐ रफ़ीक़ दोनों इक दूसरे के दिल हैं
मैं तेरा दिलरुबा हूँ तू मेरा दिलरुबा है

---

1. खिड़की; 2. मृत व्यक्ति की याद में लिखा शोक गीत; 3. रात को जागना।

8

बुझ गया आज सर-ए-शाम से जलते जलते
ऐसे गुज़री है तिरे नाम से जलते जलते

हम तो सब छोड़ के आये थे तिरे दर पे मगर
तूने लौटा ही दिया बाम[1] से जलते जलते

क़ुर्बतें[2] ऐसी कि हर साँस रुकी जाती है
जैसे मैकश[3] हो कोई जाम से जलते जलते

उसको आया ही नहीं रूठ कर जाना यारो
हम भी उक्ता गये इकराम[4] से जलते जलते

तू दहक बन के मिरी साँस में शामिल हो जा
फिर तो कट जाएगी आराम से जलते जलते

ज़ख़्म देते ही रहे आज तलक जो हमको
अब डरे बैठे हैं अंजाम से जलते जलते

---

1. छत; 2. नज़दीकियाँ; 3. शराबी; 4. मेहरबानी

9

सनम तेरी गली में मैकदा[1] हो क्या मज़ा हो
विसाल-ए-यार[2] मुमकिन हो न हो कुछ तो नशा हो

मैं अपना चाँद आँखों में बसाये मुन्तज़िर[3] हूँ
मुझे भी चाँद कोई आज छुप कर देखता हो

इबादत[4] की तरह उसने मुझे चाहा है लेकिन
मुहब्बत करने वाला भी ज़रा सा बेवफ़ा हो

मिरे नग़मे ज़माने भर में गाए जा रहे हैं
तुम्ही वो शेर हो जो ज़िंदगी में रह गया हो

पलक झपके न मुझको नींद आए सोचता हूँ
तिरी तस्वीर हो बस उम्र भर का रतजगा[5] हो

उसी को ढूँढ़ता हूँ मैं यही इक आस ले कर
मिरे बारे में कोई मुझसे बेहतर सोचता हो

ज़माने भर के रिश्तों को नज़रअन्दाज़ कर दें
हमारे दरमियाँ उल्फ़त का ऐसा सिलसिला हो

---

1. शराबखाना; 2. यार का मिलन; 3. प्रतीक्षा करना; 4. पूजा; 5. रात में जागना।

मुसलसल[6] क़ुर्बतें[7] हम को न यूँ बेज़ार[8] कर दें
ज़रा सोचो के हम तुम में कभी तो फ़ासला हो

सभी ने इख़्तिलाफ़-ए-राय[9] के ख़ंजर से मारा
'रफ़ीक़'-ए-मन बता तेरा जो कोई हमनवाँ[10] हो

---

6. लगातार; 7. नज़दीकियाँ; 8. ऊबा हुआ, विमुख; 9. मतभेद;
10. आवाज़ में आवाज़ मिलाने वाला।

10

ज़िंदगी से नफ़रत और मौत से मोहब्बत थी
लोग भी सितमगर थे कुछ मिरी शराफ़त थी

नाम ले के हम तेरा आँधियों में चलते हैं
मुश्किलें हुईं आसाँ ये तिरी इनायत थी

दुश्मनों में जीना है दोस्तों में मरना है
आज फिर लगा जैसे आपकी ज़रूरत थी

अपनी कमनसीबी या खेल है लकीरों का
जो गुज़र गई मुझ पर वो तो इक क़यामत थी

सामने खड़े हैं और सामना नहीं करते
मस्लहत[1] कहें जिसको दरअसल शरारत थी

मैं ग़ज़ल जो कहता हूँ यार के वसीले[2] से
शायरी से बढ़कर ये इश्क़ की इबादत थी

यार के सहारे ही अब 'रफ़ीक़' ज़िंदा है
बिन तिरे गुज़ारी जो वो तो बस शिकायत थी

---

1. स्वार्थ देखकर निर्णय करना; 2. माध्यम

11

हर घड़ी का साथ है अब कौन सी तनहाई है
अक्स[1] तेरा साथ मेरे याद की परछाई है

मौसमों की बर्फ़ भी नाकाम हो कर रह गयी
आग उसने तन बदन में इस क़दर दहकाई है

भीड़ का हर फ़ैसला क़ानून कैसे बन गया
बात सच्ची है मगर इस बात में रुसवाई है

है नसीबों से मिला ग़म का ख़ज़ाना दोस्तो
ये तबीयत आज लेकिन किसलिए घबराई है

सूख कर काँटा हुई है फूल जैसी थी कभी
मौत बेहतर लग रही अब ज़िंदगी कुम्हलाई है

ये रवानी ही मिरे किरदार की पहचान है
साहिलों को ये बता कर मौज फिर टकराई है

टूटकर बह जाऊँगा मैं भी किनारों की तरह
देख लेंगे फिर समंदर जो तिरी गहराई है

मोड़ कोई भी नहीं था इस कहानी में 'रफ़ीक़'
बात सीधी साफ़ थी क्यूँ आपने उलझाई है

---

1. प्रतिबिम्ब।

12

सादगी जब सिंगार हो जाए
ज़िंदगी पुर बहार हो जाए

आज वो ख़ुशमिज़ाज लगता है
आज अहद-ओ-क़रार[1] हो जाए

जुस्तजू[2] में फ़ितूर शामिल कर
आशिक़ी बेशुमार हो जाए

फ़ासलों को बढ़ा नहीं इतना
दोस्ती भी शिकार हो जाए

मौत जब भी इलाज बनती है
ज़िंदगी तो बिमार हो जाए

जो सभी को गुलाब लगता है
मैं जो छू लूँ शरार[3] हो जाए

हुस्न उसका 'रफ़ीक़' ऐसा है
तू न नग़्मा-निगार[4] हो जाए

---

1. साथ रहने की प्रतिज्ञा; 2. ख़्वाहिश; 3. चिंगारी; 4. गीतकार।

13

सूली पे चढ़ रहा है वो दुनिया के रूबरू[1]
हक़ बात कह रहा था जो आका के रूबरू

इक रोज़ ऐतमाद[2] हदें पार कर गया
बंसी बजा रहा था मैं कान्हा के रूबरू

तहज़ीब अपनी एक है युग युग का साथ है
कल ताज महवे रक़्स[3] था जमना के रूबरू

उसके सफ़र का ख़्वाब भी ताबीर[4] हो गया
कश्ती बना रहा था जो दरिया के रूबरू

साक़ी ही दे गया है दग़ा जाम क्या करें
प्यासे खड़े हैं आज भी मीना के रूबरू

वो जो कहे उस हुक्म की तामील कर मगर
बस सर झुका रफ़ीक़ तू मौला के रूबरू

---

1. आमने सामने; 2. खुद पे भरोसा; 3. नृत्य; 4. सपने का पूरा होना।

14

जिसको मिले क़रीब से बेगाना हो गया
आबाद था मकान जो वीराना हो गया

ऐसी मिली सज़ा मुझे महफ़िल से जो उठा
सारा जहाँ ग़रीब से अनजाना हो गया

मस्ती भरी ज़मीन है झूमे है आसमाँ
हर लब यहाँ शराब का पैमाना हो गया

मेरा न हो सका मुझे इसका नहीं है ग़म
ये क्या सितम रक़ीब[1] का दीवाना हो गया

दिल की पढ़ी नमाज़ ग्रंथों को छोड़ कर
दुनिया समझ रही है कि फ़रज़ाना[2] हो गया

लो फिर चली नसीम[3] ख़िज़ाओं के दिन गए
महकी फ़िज़ाएँ दिल मेरा मस्ताना हो गया

बादाकशी[4] में उम्र कटी जिसकी दोस्तो
लो अब सुना रफ़ीक़ भी मौलाना हो गया

---

1. दुश्मन; 2. ज्ञानी; 3. ठंडी हवा; 4. शराब पीना।

15

नाकामियों के ख़ौफ़ ने बढ़ने नहीं दिया
माज़ी[1] ने मुझको आज से मिलने नहीं दिया

दिन तो गुज़र गया था तिरी याद में मगर
बेताबियों ने रात भी सोने नहीं दिया

दिल क्या तुझे दिया कि बढ़ीं मुश्किलें मिरी
मंज़िल बुला रही थी प चलने नहीं दिया

मालूम है किसे कि थीं अपनी रफ़ाक़तें[2]
रिश्ते का भेद आज भी खुलने नहीं दिया

उम्मीद इक जगी जो मिला हमज़बाँ मगर
आँखों में एक ख़्वाब भी पलने नहीं दिया

बिन बादबाँ[3] ही आज ये कश्ती बढ़े चली
उस याद ने मुझे कभी रुकने नहीं दिया

हर साँस कह रही है कि ये ज़िंदगी नहीं
इक ख़्वाब ने रफ़ीक़ को मरने नहीं दिया

---

1. गुज़रा हुआ कल, भूतकाल; 2. मोहब्बतें; 3. पतवार।

16

सीधी डगर पे चलना दुश्वार हो गया है
तेरे बशर[1] का कैसा किरदार हो गया है

तेरे नगर के ढब से हैरान हो गए हैं
जिस आदमी से मिलिए सरकार हो गया है

जो तू नहीं तो राहें वीरान हो गई हैं
साया जिसे था समझा दीवार हो गया है

बरसों रहा मैं जिसकी बस सादगी पे क़ायल
लेकिन ख़बर है अब वो अय्यार[2] हो गया है

आँखों में हर किसी की बस तू ही बस रहा था
कैसे कहूँ के मुझको दीदार हो गया है

अब मैं 'रफ़ीक़' तुझसे माँगूँ तो कैसे माँगूँ
कमज़र्फ़[3] था जो कल तक दिलदार हो गया है

---

1. इन्सान; 2. चालाक; 3. अयोग्य; 4. ओछा।

17

जिंदगी की शाम है
हर ख़ुशी तमाम है

फ़ुर्सतें हैं कम तुम्हें
कुछ हमें भी काम है

हो नशे की वो ग़ज़ल
हाथ अपने जाम है

इन लबों पे आजकल
बस तुम्हारा नाम है

राधिका जो तुम बनो
हर गली में श्याम है

दिल किसी पे आ गया
दिल तो बे लगाम है

जिस जगह खड़े हो तुम
अब वहीं है क़याम है

अब रफ़ीक़ हर तरफ़
एक सच्चा नाम है

18

बस इशारों में बात होती है
दिन निकलता है रात होती है

तू नहीं पर तेरी मुहब्बत की
चाँदनी मेरे साथ होती है

आशिक़ी की बिसात पर यारब
हर दफ़ा ही मेरी मात होती है

दिल तड़पता है जान जाती है
जब रफाक़त[1] में घात होती है

पुर ख़तर ज़िंदगी की राहों में
रोज़ इक वारदात होती है

हमसफर जब तलक न हो कोई
ना मुकम्मल हयात[2] होती है

गर क़रम हो रफ़ीक़[3] पर उसका
दर्द ओ ग़म से निजात[4] होती है

1. मुहब्बत; 2. जीवन; 3. यार की कृपा; 4. यार की कृपा; 5. मुक्ति।

19

अब जो गुज़र रही है ये तो गुज़र नहीं है
इक रात की सियाही जिसकी सहर[1] नहीं है

मेरा ही अज़्म[2] मुझ से नजरें चुरा रहा है
अब सामना करे क्या उसमें हुनर नहीं है

तूफ़ाँ तड़प रहा है मौजें मचल रही हैं
लेकिन जुदा करे अब कोई भँवर नहीं है

अब देख देख उसको है चैन चैन मुझको
उस से हटा सकूँ जो ऐसी नज़र नहीं है

तुम हमक़दम बनो तो दुनिया नई बसा लें
रोके हमें ज़माना इतना जिगर नहीं है

इक लाश बन चुका पर हस्ती नहीं मिटी थी
वो सोच बन गया हूँ जिस से मफ़र[3] नहीं है

आओ 'रफ़ीक़' ढूँढ़े उस पैकर-ए-ग़ज़ल[4] को
वैसा तिरे जहाँ में क्या हमसफ़र नहीं है

---

1. सुबह; 2. इरादा, संकल्प; 3. बचाव, उपाय; 4. ग़ज़ल जैसी आकृति।

20

गुमशुदा रास्ते अजनबी है सफ़र
कब तलक मैं फिरूँ हर तरफ़ दर-ब-दर

राह तकते हुए आँखें पथरा गईं
वो भी डालें कभी इक उचटती नज़र

ये तिरी जगमगहट भी बुझ जाएगी
ज़िंदगी क्यूँ हुई मौत से बेख़बर

ये वहम था मिरा या के इक ख़्वाब था
वो रहा मेरी बाँहों में कल रात भर

लड़खड़ाये गिरे फिर सँभल न सके
कैसी दुशवार थी ज़िंदगी की डगर

मेरी हर साँस जानम तिरे नाम है
धड़कनें कह रही हैं सनम ग़म न कर

21

अपने क्या पराये क्या सबने दिल दुखाया है
क्यूँ मेरे मुक़द्दर में ग़म ही हाथ आया है

आज कल नहीं परसों दिल यही कहे मुझसे
आप आ ही जाएगे हमने घर सजाया है

मेरा हौसला देखो मुझसा कोई पागल है
बिजलियों की ज़द पर ही घोंसला बनाया है

आप गर ख़फ़ा भी हों रोज़ याद आते हैं
सूने दिल के आँगन में इक कँवल खिलाया है

ज़ख़्म ज़ख़्म तमग़े[1] हैं उसके चौड़े सीने पर
आज सरहदों से वो अपने गाँव आया है

ऐ 'रफ़ीक़' अब तुम भी पूरे ग़र्क़ हो जाओ
आज उसने साग़र में अपना दिल मिलाया है

---

1 पदक, मैडल।

22

है ये फ़ासलों की चाहत हमें रास्ता बना लो
ऐ 'रफ़ीक़' ज़िंदगी का यही फ़लसफ़ा बना लो

वो सरापा रागिनी तुम कि है रक़्स में तरन्नुम
तुम्हें शेर मैं बना लूँ मुझे क़ाफ़िया बना लो

है बला की ख़ूबसूरत बड़ी दिलकशी है इसमें
ये नहीं के ज़िंदगी को कोई सानेहा[1] बना लो

ये ज़मीर कह रहा है कि गले लगा लो मुझको
मैं बिछड़ चुका हूँ ख़ुद से मुझे क़ाफ़िला बना लो

जो लिखी किताब दिल की तो सफ़ा सफ़ा वही है
न समझ सके जो दिल को उसे हाशिया[2] बना लो

थी दबी दबी-सी ख़्वाहिश हो शजर तले बसेरा
हो जहाँ चहकती कोयल वहीं आसरा बना लो

न तरस तरस गुज़ारो ऐ 'रफ़ीक़' ज़िंदगी को
उसे आँख में बसा कर कहीं मैकदा बना लो

---

1. दुर्घटना; 2. बॉर्डर।

23

ख़्वाबों में थोड़ी-सी हक़ीक़त शामिल कर
अब मौजें हैं चूर थकन से साहिल कर

ऐसी दूरी हाय सभी को तड़पाए
चलते चलते आज किसी को मंज़िल कर

तन्हा तन्हा जीने में भी इक लज़्ज़त है
दिल की सुन इस दर्द को अपनी महफ़िल कर

मछली की इक आँख पे नज़रें गाड़ अपनी
दुनिया की हर चीज़ से ख़ुद को ग़ाफ़िल[1] कर

हम भी कब तक आस लगाएँ पूनम की
अपनी काली रात को ख़ुद ही झिलमिल कर

हमको फिर उपदेश सुनाना पंडित जी
ख़ुद को पहले इश्क़ में तू भी कामिल[2] कर

यूँ ही नहीं 'रफ़ीक़' पयंबर कहलाये
दुक्खों की इस भीड़ में सबको ख़ुशदिल कर

---

1. बेखब; 2. सम्पूर्ण।

24

पल दो पल के सपने हैं पल दो पल का जीवन है
तुम बिन कोई मौसम हो आँखों में तो सावन है

उसको कैसे बतलाऊँ कब से गुमसुम बैठा हूँ
ऊपर ऊपर हँसता हूँ भीगा भीगा दामन है

सच्ची बातें कहता है भोली उसकी सूरत है
हर इक दिल में वो बसता ऐसा मेरा साजन है

इक दिन उसको ना देखूँ जीना दूभर हो जाये
उसकी राहें तकती हूँ सूना सूना आँगन है

कुछ तो नैना बोझल थे अंदर भी कुछ टूटा था
उसको देख के लगता था वो सदियों की बिरहन है

एक नज़र की आस में मैंने उम्र बिता दी है लोगो
मेरी ओर भला क्यूँ देखे उसके हाथ में दरपन है

नब्ज़-ए-'रफ़ीक़' तो कब की डूब चुकी थी जाने क्यूँ
वो अब भी समझ रहा था शायद दिल में धड़कन है

25

क़ैद-ए-ज़िंदगी को हम क्यूँ किये बसर जायें
आज अपनी शर्तों पे चाहते हैं मर जायें

शायरी की बातें हों खुशबुओं की बरसातें
तिनका तिनका लफ़्ज़ों में आइए बिखर जायें

ज़िंदगी की राहें हों या कि मौत की मंज़िल
जिस तरफ़ भी जाना हो मेरे हमसफ़र जायें

जो भटकते हैं दिन भर शाम घर को लौटेंगे
तेरे दिल में रहते हैं कैसे दर-ब-दर जायें

रहगुज़र कठिन है पर इस क़दर नहीं मुश्किल
फूल फूल महकेंगे आप जो गुज़र जायें

मेरे आशियाने पर बर्क़[1] गिरने वाली है
रास्तों से कह दीजे आज मत उधर जायें

ऐतमाद[2] है मुझको तुम मुझी को चाहोगी
ऐ 'रफ़ीक़' फिर क्यूँ हम वसवसों[3] से डर जायें

---

1. बिजली; 2. खुद पर भरोसा; 3. ख़याल भटकना।

26

किसी के ग़म में पत्थर हो गया हूँ
भरे सावन में बंजर हो गया हूँ

तराशा है मुझे इतना किसी ने
मैं कितना आज बेहतर हो गया हूँ

तुम्हारी इक नज़र का है करिश्मा
मुक़द्दर का सिकंदर हो गया हूँ

मैं साये की तरह धुँधला रहा था
मिला जब वो तो पैकर[1] हो गया हूँ

ये रुतबा कम नहीं है मेरे मोहसिन[2]
तिरी आँखों का मंज़र हो गया हूँ

ये मेरे जिस्म पर हैं ज़ख़्म मेरे
मैं अपने हक़ में ख़ंजर हो गया हूँ

'रफ़ीक़'-ए-मन ये कल शब कह रहा था
नदी था मैं समंदर हो गया हूँ

1. आकृति; 2. संरक्षक।

27

इक दूजे के साथ जनम भर हम दोनों
एक नदी और एक समंदर हम दोनों

इतनी भी क्या जल्दी है घर जाने की
आ चल बैठें पास घड़ी भर हम दोनों

अपने मन की आँखों से कुछ ग़ौर करो
एक इसी तस्वीर के अंदर हम दोनों

दुनिया तो बस रेशम की इक डोरी है
लेकिन हैं मज़बूत मुक़द्दर हम दोनों

तेज़ हवाओं से क्यूँ हमें डराते हो
मिल जाएँ तो एक बवंडर हम दोनों

धन दौलत को सब पूजें जिस दुनिया में
प्रेम की इक अनमोल धरोहर हम दोनों

ख़ून से लथपथ लोगों की इस बस्ती में
एक 'रफ़ीक़'[1] और एक रफ़ूगर[2] हम दोनों

---

1. दोस्त; 2. फटे कपड़ों की बुनाई करने वाला।

28

कुछ हक़ीक़त है कुछ कहानी है
बस यही मेरी ज़िंदगानी है

इस ज़मीं पर नहीं कोई तुम-सा
हो अगर तुम तो ऋतु सुहानी है

हमने चाही थी वस्ल[1] की सदियाँ
हाय! दुनिया तो दारे-ए-फ़ानी[2] है

आप सुन लें या अनसुना कर दें
दिल कहानी मुझे सुनानी है

हो ग़ज़ल या किसी बहाने से
आग दिल में मुझे लगानी है

सारे क़िस्से सुना चुका हूँ मैं
रह गई एक ग़म कहानी है

ऐ 'रफ़ीक़' अब ज़रा सँभल के चल
ये जवानी तो आग पानी है

---

1. मिलन; 2. नश्वर संसार।

29

चल चल के मैं निढाल हो गया
जीना मेरा मुहाल हो गया

ऐ ज़िंदगी मैं क्या जिऊँ तुझे
हर साँस पर सवाल हो गया

किस बात का मलाल है तुम्हें
किस बात पे वबाल हो गया

इंसान ही बने रहें सभी
इक ख़ुशनुमा ख़याल हो गया

कुछ तो इलाज तू हमें बता
ये दर्द फिर बहाल हो गया

मिलता नहीं 'रफ़ीक़' दिल यहाँ
हर शख़्स बा-कमाल हो गया

30

हर लम्हा जब अज़ाब[1] हो जाए
फिर तो पानी शराब हो जाए

मुझ पे कितने सितम किये तुमने
कोई शब ये हिसाब हो जाए

गर मिलाऊँ नज़र मैं शिद्दत से
आज दरिया सराब[2] हो जाए

सादगी पर ग़ुरूर है लेकिन
जब भी छू लूँ शबाब हो जाए

मुस्कुरा दे अगर वो गुलशन में
ज़र्रा ज़र्रा गुलाब हो जाए

तेरी सादा लिबास क़ामत पर
मैं भी चाहूँ हिजाब हो जाए

तेरे दर से 'रफ़ीक़' उठते ही
फिर से ख़ाना-ख़राब[3] हो जाए

---

1. यातना, तकलीफ; 2. मृग तृष्णा; 3. तबाह।

31

क़ुर्बतें जब सज़ा हो गयीं
दूरियाँ तब दवा हो गयीं

छू लिया गेसुओं को तिरे
आँधियाँ भी सबा हो गयीं

यार बातें वही हैं मिरी
आज लेकिन ख़ता हो गयीं

बस्तियाँ थीं यहाँ कल तलक
जाने कैसे ख़ला हो गयीं

चल रहे थे कड़ी धूप में
उसकी ज़ुल्फें घटा हो गयीं

हिजरतों के निशाँ भी कहाँ
याद से भी जुदा हो गयीं

नफ़रतें थीं दिलों में बसी
दोस्तों पर बपा हो गयीं

काग़ज़ों के बड़े ढेर में
हस्तियाँ लापता हो गयीं

32

बेख़ुदी में ख़याल आया है
ख़ुदकुशी का सवाल आया है

ज़िंदगी आज क्या कहे हम से
वो बुलावा कमाल आया है

जो रही आज तक किनारों में
उस नदी में उछाल आया है

कब तलक बर्फ़ भी जमी रहती
मौसमों में उबाल आया है

मुस्कुरा कर चला गया था कल
अब हमारा ख़याल आया है

देखते हैं सभी पशेमाँ से
मसअला बा-सवाल आया है

अब तो 'रफ़ीक़' बाज़ आ जाओ
इश्क़ शीशे में बाल[1] आया है

---

1. इश्क़ शीशे में बाल : ग़लतफ़हमी होना।

33

दोस्तों से भी तब ग़िला करना
दुश्मनों का भी कुछ पता करना

आसमानों की बात क्या करना
अपनी मिट्टी से तुम वफ़ा करना

दर्द जब हद से पार हो जाए
बेख़ुदी का ही इक नशा करना

सब किताबों में मिल नहीं सकता
ज़िंदगी भर ये तजर्बा करना

भीड़ बस भीड़ ही तो होती है
भीड़ को फिर से क़ाफ़िला करना

जब भी बेज़ार ख़ुद से हो जाओ
दोस्तों से ही मशवरा करना

मंज़िलों से 'रफ़ीक़' यारी पर
रास्तों से भी राबता करना

34

अब शाम हो गई है वो जा चुका कभी का
कुछ मिल गया किसी को कुछ खो गया किसी का

सब सोचते यही हैं अब हाथ वो बढ़ाए
उम्मीद दोस्ती की अंदाज़ बेरुख़ी का

जो जुड़ गया किसी से दिल मुड़ गया सभी से
एहसास अब हुआ है मुझको किसी ख़ुशी का

सच्चा किसे कहूँ मैं काफिर कहें मुझी को
पैदा किया उसी ने है आसरा उसी का

अब दरमियाँ हमारे कुछ भी नहीं बचा है
कैसे कटे सफर अब बाकी ये ज़िंदगी का

अपना जिसे बनाया जिसको गले लगाया
पर आज क्यूं लगा है अन्दाज़ अजनबी का

कल शब रफ़ीक़ पूरा साग़र पिये हुए था
अब याद ही नहीं है वो राज़ बेखुदी का

35

बे-आस जी रहा हूँ तुझ को ख़बर नहीं है
ये जाम इक दवा है हरगिज़ ज़हर नहीं है

आवाज़ भी बुझी थी कुछ आँख में नमी थी
हालत मिरी समझता वो चारगर[1] नहीं है

एहबाब[2] में बसर हों मेरी तमाम रातें
उस रात के मुक़ाबिल[3] कोई सहर नहीं है

जो एक ज़िंदगी है महबूब की नज़र हो
उसको भुला सकूँ मैं ऐसा पहर नहीं है

हमराज़ भी वही है दिलसोज़ भी वही है
जब तक उसे न पाऊँ दिल मोअतबर[4] नहीं है

हम जानते हैं जानम तूफ़ान की हक़ीक़त
तुम हिजरतें सँभालो कोई लहर नहीं है

सोचो 'रफ़ीक़' कैसे उसको मना सकोगे
उसके बिना गुज़र हो तुझ में हुनर नहीं है

---

1. चिकित्सक; 2. दोस्त; 3. बराबर; 4. भरोसे का।

36

गुमनाम था जो कल तक सरदार हो गया है
हर लफ़्ज़ आज उसका तलवार हो गया है

इक अक़्स[1] जो किसी का मिरे साथ चल रहा था
वो आज मेरे लब पर गुफ़्तार[2] हो गया है

कुछ हम सुनें तुम्हारी कुछ तुम सुनो हमारी
हर मसअला ही अब क्यूँ तकरार हो गया है

रूठा न छोड़ उसको हर तरह से मना ले
रिश्ता नया पुराना बेज़ार हो गया है

मनसूब[3] कर के देखो वैसा ख़ुदा यहाँ पर
मस्जिद हो या कलीसा[4] बाज़ार हो गया है

अब मैं किसी बशर[5] से उम्मीद क्या लगाऊँ
जिस को 'रफ़ीक़' देखो लाचार हो गया है

---

1. प्रतिबिम्ब; 2. बातचीत; 3. कल्पित; 4. गिरिजा घर; 5. इन्सान।

37

इतरा रही हवा है किस बात का नशा है
हर साँस अब लड़ेगा सरकश[1] हुआ दिया है

साक़ी शराब पी कर शायद क़रार आये
उसका शबाब मुझको कब से परख रहा है

कैसे सँभल सँभल कर है ज़िंदगी गुज़ारी
ये ज़िंदगी नहीं है बस मौत की सदा[2] है

हर शब सता रहे हो दिल भी दुखा रहे हो
इतना मुझे बता दो मेरी भी क्या ख़ता है

दोनों हैं एक जैसे हो इश्क़ या इबादत
जो यार हमनफ़स[3] है वो यार ही ख़ुदा है

तुम जो सुना रहे हो नाकामियों के क़िस्से
होगा नया सवेरा इक रात ने कहा है

जिसको 'रफ़ीक़' चाहे उसको नसीब कर लो
ग़र वो नहीं मिला तो जीवन कड़ी सज़ा है

---

1. विद्रोही; 2. आवाज़; 3. दोस्त।

38

मेरे जीने को ज़िंदगी कर दो
इस अँधेरे में रौशनी कर दो

मुझ को हर कोई बस सताता है
दिल में थोड़ी सी बेख़ुदी कर दो

मैं तुम्हें अपना कृष्ण कहता हूँ
आज होंठों से बाँसुरी कर दो

उस को जब ज़िंदगी में ले आए
मौत को थोड़ा मुल्तवी[1] कर दो

और अब तो 'रफ़ीक़' क्या माँगे
मेरी चाहत को आख़िरी कर दो

---

1 स्थगित।

39

ज़िंदगी में ग़म तिरा शामिल रहा
दूर मुझसे किस क़दर साहिल रहा

तुम दिमाग़ों में उलझ कर रह गईं
मैं तो दिल था और हमेशा दिल रहा

उसको अज़बर[1] हो गयीं ग़ज़लें मिरी
मैं मगर इस फ़न में कब क़ामिल रहा

तेज़ रौ उश्शाक[2] मंज़िल पा गए
मैं फ़िशार ए इश्क़[3] में काहिल[4] रहा

मैं खिलौना तो नहीं इंसान हूँ
उसको समझाना बड़ा मुश्किल रहा

मुझको मरने का सबब मालूम था
मेरे ज़ेर ए आस्तीं क़ातिल रहा

इश्क़ सबके आज फ़ीके पड़ गए
मेरा क़िस्सा बर सर ए महफ़िल रहा

हार कर भी जीत जाना था मुझे
जीत कर भी तू सनम बुज़दिल रहा

---

1. मुँहज़बानी याद हो जाना; 2. प्रेमी; 3. इश्क का तनाव; 4. सुस्त।

40

निदामत[1] मिरी दिलरुबा हो गयी है
मिरी ज़िंदगी बे मज़ा हो गयी है

मैं अब तुझसे ही सांस लेने लगा हूँ
सनम तेरी ख़ुशबू हवा हो गयी है

पता ही नहीं वो ख़फ़ा क्यूँ है हमसे
न जाने ये कैसी ख़ता हो गयी है

मरज़ दे गया वो नज़र ही नज़र में
नज़र ही नज़र में शफ़ा हो गयी है

न पूछो ये दुनिया का आलम है कैसा
शराफ़त की हमको सज़ा हो गयी है

ख़ुशी मुस्कराहट की मोहताज है क्यूँ
दिखावे की अब इंतिहा हो गयी है

नज़र में हुकूमत की आये तभी से
क़यामत ये कैसी बपा हो गयी है

---

1. पश्चात्ताप।

41

ऐ दिल तुझी में शायद कोई कहीं कमी है
हर साँस कह रही है क्यूँ ज़िंदगी रुकी है

तुम ने नहीं कहा पर चेहरा बता रहा है
अब आईना कहेगा वो बात जो छुपी है

तुम भी कभी ग़लत थे हम भी कभी सही थे
नाराज़गी हमारी फिर आज लाज़मी[1] है

कुछ लोग कह रहे थे घर में तलाश कर लो
वो जानते कहाँ थे ये चोर सरहदी है

हर चाँदनी के आशिक़ से ये कहा है मैंने
सूरत मेरे सजन की मोहन-सी साँवली है

जाओ 'रफ़ीक़' अब तुम चंदा पे घर बना लो
अब इस ज़मीं पे कैसी ये गर्द-सी जमी है

1 उचित।

42

हमने उसको भी टूट के पुकारा है
तेरा हमनाम ही सही हमारा है

डूबते डूबते कटी थी ज़िंदगी
बीच दरिया मिला हमें किनारा है

अपनी चादर का क़द ज़हन[1] नशीं रहा
पाँव ज़ियादा नहीं कभी पसारा है

चाँदनी ने तलाश रात भर किया
उस नज़र बसा कोई नज़ारा है

रात भर करवटें बदलती सादगी
उसकी आग़ोश में छुपा शरारा[2] है

मंज़िलें ख़ुद-ब-ख़ुद क़रीब आ गईं
रहबरी[3] को चमकता वो सितारा है

मौसमों की 'रफ़ीक़' कुछ ख़बर नहीं
इन फ़िज़ाओं में आज क्या इशारा है

---

1. याद; 2. चिंगारी; 3. रास्ता दिखाना।

43

ज़िंदगी जब से मिरी ख़ाक हुई जाती है
तब से ये मौत भी बेबाक[1] हुई जाती है

कल तलक हम ही हवाओं में उड़ा करते थे
आज हर शह तह-ए-अफ़लाक़[2] हुई जाती है

शाम ढलते ही ये महसूस हुआ है मुझको
आज तो ये रात भी नापाक हुई जाती है

जाँ सुलगती है मिरी साँस भी मद्धम आए
आँख तो उसकी भी नमनाक[3] हुई जाती है

दिल बहकता ही गया एक नज़र से उसकी
मैकशी[4] फिर से मेरी पाक हुई जाती है

वो महक जब से मुझे छू के गयी है यारो
ख़ुशनुमा मेरी ये पोशाक हुई जाती है

---

1. मुँहफट; 2. आसमान पर; 3. आँसू से तर; 4. शराब पीना।

44

भीड़ लोगों की तमाशा चाहे
ग़म भुलाने का बहाना चाहे

हमसफ़र काश कोई ऐसा हो
जो मुझे ख़ुद से ज़ियादा चाहे

रौशनी की है ज़रूरत इतनी
शाम ढलते ही सितारा चाहे

ख्व़ाब देखे न कभी अब लेकिन
हर सहर[1] एक नज़ारा चाहे

ग़र्क़ होकर न उभर पाया जो
आग पानी में लगाना चाहे

ज़िंदगी भूल चुकी है हमको
मौत बस एक इशारा चाहे

---

1. सुबह।

45

बेख़बर क्यूँ हो मुहब्बत से बताओ तो सही
हाय इक़रार[1] का इक लफ़्ज़ सुनाओ तो सही

ये वो काँटा है जो हर लम्हा चुभा करता है
अपना इंकार मेरे दिल से हटाओ तो सही

मेरे अशआर[2] तो दुनिया भी पढ़ा करती है
कोई महफ़िल मेरी ग़ज़लों की सजाओ तो सही

साल दर साल ये त्यौहार चले आते हैं
इक दिवाली मेरे आँगन में मनाओ तो सही

एक दुनिया ही अलग होती है दिलवालों की
दिलरुबा उसको 'रफ़ीक़' अपना बनाओ तो सही

---

1. स्वीकृति; 2. शेर का बहुवचन।

46

मंज़िल मिले मिले न मिले हमसफ़र मिले
बस साथ हो तुम्हारा कठिन रहगुज़र मिले

दिल की गली निकल तो पड़े कुछ ख़बर नहीं
उम्मीद है यही के सनम हमनज़र मिले

तूफ़ान की बिसात कहाँ अब जुदा करे
साहिल पे जो नहीं थे मिले डूब कर मिले

नाकाम हो गए तो मिला आसरा तिरा
अब साथ है नया तो नई इक डगर मिले

मिल कर उसे मचलती सभी धड़कनें कहें
महसूस हो रहा है कि रक़्स-ए-शरर[1] मिले

कल शब 'रफ़ीक़' उसने सितम ऐसा कुछ किया
हर साँस कह रही थी कि जाम-ए-सहर[2] मिले

1. चिंगारी का नृत्य; 2. (सांकेतिक)-सूर्य।

47

सब ने कहा कि निकला चाँद
मेरी नज़र में मेरा चाँद

दुनिया कहे कि आधा चाँद
मुझ में बसा था पूरा चाँद

झील में झिलमिल करता है
मेरा देखा-भाला चाँद

अपनी नज़र से तू भी देख
तुझको लगेगा अपना चाँद

मेरे आँगन में उतरा है
बाली उमर का सपना चाँद

पूनम रात गले लगा कर
मुझ को सुनाए दुखड़ा चाँद

रिमझिम रिमझिम सावन में
जीता कभी तो हारा चाँद

मैं भी ख़फ़ा था उस दिन तब
फूट फूट के रोया चाँद

मुझको उस तक पहुँचाता था
मेरा था हरकारा चाँद

उनसे रक़ाबत[1] करता था
लम्हा लम्हा हारा चाँद

टूटी नींद में आज 'रफ़ीक़'
टपका क़तरा क़तरा चाँद

---

1. एक महबूब के दो चाहने वालों की प्रतिस्पर्धा

48

ये सितारे जो रात चलते हैं
बाम[1] पर तिरी कब ठहरते हैं

इश्क़ में जब से मात खाई है
हाय, दिन रात आहें भरते हैं

दीप उम्मीद के बुझा डाले सब
अब वो चश्मे कहाँ उबलते हैं

लफ़्ज़ मेरे लहू में डूबे तब
शेर ग़मगीन हैं, महकते हैं

दिल की नय्या डुबो गया कोई
डूब कर हम भी पार लगते हैं

हौसला कुछ 'रफ़ीक़' रखना था
तुमसे फ़ौलाद कब पिघलते हैं

1. छत।

49

इक पल हसीं चुरा लिया
फिर मौत ने बुला लिया

दामन कभी बचा लिया
दामन कहीं जला लिया

जब भी उदास हो गए
दिल गीत गुनगुना लिया

पी कर शराब आज फिर
ग़म को तिरे छुपा लिया

जिसकी तलाश थी मुझे
मंज़िल उसे बना लिया

वो हम ख़याल जब मिला
हर साँस में बसा लिया

उसको 'रफ़ीक़' याद कर
कुछ देर मुस्कुरा लिया

50

काँटे बहुत चुभे थे
हम धूप में पले थे

कैसा भरम हुआ है
उसकी गली चले थे

अपनी डगर चुनी तो
फिर पाँव आबले[1] थे

ठुकरा दिया सभी ने
बे आस दिलजले थे

हम आज भी वहीं हैं
कल तुम जहाँ मिले थे

इन तेज़ आँधियों में
दो दीप जल रहे थे

तुम भी 'रफ़ीक़' सोचो
हम क्यूँ बिछड़ गए थे

---

1. छाले।

51

ज़िंदगी का कभी नमक होता
तेरे दिल की कभी कसक होता

उसका दीदार इक झलक होता
और हंगामा कब तलक होता

जो कभी बंद ही न हो पाए
उसकी आँखों की मैं पलक होता

जिस पे तू मह्वे नाज़ चलती है
तेरे कदमों तले सड़क होता

मेरी आँखों का हर नज़ारा अब
उसकी नज़रों में इक चमक होता

दिल उसे देख कर यही बोले
वो मेरे शेर की लहक होता

जुस्तजू[1] है रफ़ीक़ कि अब वो
साँस में बस रही महक होता

---

1. ख़्वाहिश

52

हर नया दिन नया नया-सा है
इक दरीचा[1] खुला खुला-सा है

तुमने कोसों समझ लिया है जिसे
फ़ासला वो महज़ ज़रा-सा है

है यक़ीं आग तो लगी है कहीं
हर तरफ़ जो धुआँ धुआँ-सा है

अब किशन है न और है बंसी
सारा आलम ही बेसुरा-सा है

तुम अगर आ सको तो आ जाना
मेरा दिल अब बुझा बुझा-सा है

हम यूँ ही तो नहीं हुए बर्बाद
एक चेहरा भला भला-सा है

इक मुसाफ़त से लौट कर देखा
आज वो घर सजा सजा-सा है

---

1. खिड़की।

53

माँ की गोद में सोया था
मैं इक छोटा बच्चा था

हर इक साँस में उसकी मैं
मैं ही ख़ून का क़तरा था

ऐसी शामें होती थीं
सूरज चाँद में ढलता था

जब तकलीफ़ हो मेरे सर
उसकी आँख में झरना था

आज 'रफ़ीक़' भी यादों में
उस आग़ोश में रोया था

54

सनमकदे[1] में यूँ ही दिल को हार हार चले
न आएगा वो कभी कर के इंतज़ार चले

सितम तो देखिए हमसे गुरेज़[2] आज तलक
हमारी सादा दिली फिर भी बार बार चले

घने शजर[3] के तले आसरा मिला तो हमें
हवा मिली न कभी बन के फिर ग़ुबार चले

पता नहीं वो मिरा हमसफ़र रहे न रहे
उसी का नाम लिया कर के एतबार चले

बदन कफ़न से छुपा आत्मा सवाल करे
फ़रेब ख़ुद से किया और बेक़रार चले

'रफ़ीक़' तेरी गली मौत भी मिले जो कभी
नहीं कहेंगे तुझे हम तो आज यार चले

---

1. यार का घर; 2. दूर रहना; 3. वृक्ष।

55

ज़िंदगी ऐसे बसर की हो शिकायत जैसे
वो मिला है तो लगे एक ज़रूरत जैसे

भीड़ लोगों की हटा दो के अभी जिंदा हूँ
साँस लेकिन है उभरती हो रवायत[1] जैसे

मुस्कुराए थे कभी एक ज़माना बीता
दिन गुज़रते हैं सभी अब तो मुसीबत जैसे

मौसमों ने हैं किये हम पे सितम कुछ ऐसे
अब बहारें भी लगें एक शरारत जैसे

हमने जी जान से चाहा है तुम्हें चाहेंगे
ये मोहब्बत भी ख़ुदा की हो अमानत जैसे

तुम सुनाते हो फ़साने भी पुराने यारो
बात निकलेगी अलग अपनी हिकायत[2] जैसे

हमनज़र तुम न हुए आज तलक साक़ी से
उसकी उल्फ़त को समझते हो अदावत[3] जैसे

1. रिवाज; 2. कहानी; 3. दुश्मनी।

56

हिज्र[1] का दरबार है
वस्ल[2] तो त्यौहार है

ज़िंदगी की क़ैद में
ज़िंदगी लाचार है

दूरियाँ किस वास्ते
मुख़्तसर संसार है

झूठ कहते हैं सभी
आशिक़ी गुलज़ार है

जा समन्दर पार कर
हाथ में पतवार है

बाढ़ बारिश बिजलियाँ
घर तो दरिया पार है

देख कर उसको लगा
सादगी सिंगार है

1. विरह; 2. मिलन।

क्या वजह है दोस्तो
दरमियाँ दीवार है

हस्पतालों का नगर
आदमी बीमार है

भीड़ की कर रहबरी
रास्ता दुश्वार है

57

हो अपनी नज़र सिर्फ़ अपनी बयानी
यही हो मुहब्बत में सबकी कहानी

पता ही नहीं हम किधर जा रहे हैं
पता ही नहीं है कहाँ ऋुत सुहानी

है मुँहज़ोर घोड़े की मानिंद दुनिया
उसी तरह मेरी भी है ज़िंदगानी

ज़रा अपने घर से निकाल के तो देखो
गले मिल के रोएँगीं यादें पुरानी

हँसी उसकी शायद हमें याद आए
चलो आज देखें नदी की रवानी

न पनघट पे जाएँ न दिल को जलाएँ
कि मिलते नहीं हैं कभी आग पानी

'रफ़ीक़' उनसे मिलने कहाँ जा रहे हो
तुम्हें तो थी यादें पुरानी भुलानी

58

ये हवा जो बहती है
आ सुनें क्या कहती है

दो घड़ी की उलझन भी
मौत जैसी लगती है

ज़िंदगी भी शर्मा कर
अब बहाना करती है

बारिशों के मौसम में
बेकली भी होती है

धड़कनों की सरगम में
बाँसुरी-सी बजती है

तुम चलो तो मंज़िल भी
रह हमारी तकती है

उस 'रफ़ीक़' ए दिल-बर से
शह हर एक जलती है

59

जो था दरिया भरी रवानी[1] में
अब किनारा नहीं कहानी में

लग के साहिल से बह रहे हैं अब
एक तूफ़ान थे जवानी में

झील में अक्स देख कर तूने
क्यूँ मिलाई शराब पानी में

बात उसने कही इशारों में
ध्यान सबका रहा कहानी में

बदमज़ा हो गयी शिकायत भी
ज़िंदगी तेरी यक-ज़बानी में

छीन कर मेरी हर ख़ुशी उसने
ग़म दिए हैं फ़क़त निशानी में

थीं ग़लत पर 'रफ़ीक़' सब बातें
मान लीं उसने मेहरबानी में

---

1. बहाव।

60

गर्दिश में सितारा है
इक तेरा सहारा है

सौ बार मरे हैं तब
ये क़र्ज़ उतारा है

इक तेरे सिवा हमको
कब कौन गँवारा है

हमको जो जलाता है
वो कौन सा शरारा है

उस चाँद के पहलू में
मेरा ही सितारा है

कुछ सोच 'रफ़ीक़'-ए-मन
तूफ़ाँ में शिकारा है

61

ज़िंदगी बे-वफ़ा मौत है दिलरुबा
कब तलक ये सितम हो चुकी इन्तहा

ख़त्म हों फ़ासले तुम मिलो जो अगर
अब सँभलता नहीं टूटता हौसला

दो बदन हो गए गर जुदा ग़म नहीं
ख़त्म होता नहीं इश्क़ का सिलसिला

जो ख़फ़ा हो गए तुम उन्हें ये कहो
आ गले मिल भुला आज शिकवा गिला

मैकशी छोड़ दी है मगर दोस्तो
कल नज़र से पिलाता रहा साक़िया

डूबना था जिसे क्यूँ बचा है वही
बीच मझधार के डूब जा नाख़ुदा

62

सब ने हक़ जताया है
मुझको बस सताया है

कोई भी नहीं मेरा
हर दूजा पराया है

इक हसीं-सा वो चेहरा
किसने वो बनाया है

बाहर जो नज़र आए
मुझ में अब समाया है

गुज़री ज़िंदगी ऐसे
मानो क़र्ज़ चुकाया है

बस वो एक है जिसने
हर वादा निभाया है

अब 'रफ़ीक़' दिल बोले
याद रख ख़ुदाया है

63

ज़िंदगी तुझ को छोड़ते हैं हम
मौत को जी के देखते हैं हम

आशिक़ी की ख़मोश राहों में
चाँदनी बन के गूँजते हैं हम

मज़हबी न बातें सियासती
बस दिलों से दिल जोड़ते हैं हम

हमक़दम है तो साथ साथ चल
ख़्वाब इक यही देखते हैं हम

इस जहाँ में अब कौन है मिरा
एक तुम ही को चाहते हैं हम

जो 'रफ़ीक़' अपना कहा उसे
उस ख़ुदा को ही पूजते हैं हम

64

उसकी आँखों में डूबा था
मैं भी कितना भोला था

उसने जब हाँ कर दी थी
दिल बस्ती में मेला था

तुम जीते मैं हार गया
फिर किस बात का रोना था

कैसे फ़ौरन उतर गया
उसका रंग तो गहरा था

रात दिन अपने रोने पर
आँसू आँसू पहरा था

किस किसको समझाता मैं
घर घर एक बखेड़ा था

भीड़ में दुनियादारी की
दिल का दर्द अकेला था

'रफ़ीक़' ने दिल का दरवाज़ा
आपकी ख़ातिर खोला था

65

इक पल न चैन आया उसकी गली गये थे
उसका दहन जो देखा मरने पे हम तुले थे

साक़ी समझ न पाया वो राज़ बेख़ुदी का
पी जो नज़र नज़र से इमकान1 के नशे थे

कैसे कहूँ किसी से मेरी ख़ता नहीं है
कुछ रास्ते कठिन हैं कुछ पाँव आबले थे

मैं जी नहीं सकूँगा ये बात तुम समझ लो
दिल की किताब में अब पन्ने सभी मुड़े थे

मरना कभी पड़े तो ये सोच कर मरेंगे
साहिल नहीं ज़रूरी तूफ़ान में पले थे

ख़ुश रंग है बहुत वो लेकिन गुमान इतना
ये भूल ही गया था कान्हा भी साँवले थे

उसकी नवाज़िशों से ये हो गया करिश्मा
जब भी ग़ज़ल हुई तो मिसरे कसे कसे थे

---

1. संभावना।

अब लोग भी परख लें उलफ़त तमाम अपनी
तुम भी फ़िदा थे हम पे हम तुम पे मर मिटे थे

कुछ तो हमें बताओ हमको पता नहीं है
जब तेल था लबालब क्यूँ दीप सब बुझे थे

तुम भी 'रफ़ीक़' हमको मजबूर मत करो अब
कैसे कोई बदलता ये दिल के फ़ैसले थे

66

जब से उजागर उसका दहन[1] है
सबको लगा के सूरज गहन है

ताज़ा हवा तक मिलती नहीं अब
चारों तरफ़ ये कैसी घुटन है

इक पल जिए तो सौ पल मरेंगे
तेरे जहाँ का ऐसा चलन है

सुलगते रहे हम जलती चिता पे
अब मुस्कुराता हम पे कफ़न है

उसने किया जब ऐलान ए मुहब्बत
होती सभी को मुझसे जलन है

उसके बदन को छू के निकलती
ख़ुशबू भरी ये ठण्डी पवन है

जो भी मिले वो बोले यही है
श्यामल किशन-सा मेरा सजन है

1. चेहरा, मुख।

67

नब्ज़ डूबती होगी और सांस मद्धम सी
फिर भी इश्क़ की लहरें उठ रही हैं पैहम[1] सी

मैं सभी से कहता हूँ ज़िंदगी नहीं है ये
हर घड़ी गुज़रती है जैसे एक मातम सी

रास्ते हुए आसाँ हमसफ़र के मिलने से
मंज़िलें मुझे अब तक लग रही थीं बरहम[2] सी

गर्दिशों के आँगन में हम कँवल खिलाएंगे
मुझ पे तेरी जुल्फें हैं भीगे भीगे मौसम सी

आँधियों में अब मुझको डर नहीं भटकने का
उस जबीं[3] पे बिंदिया है आज एक परचम[4] सी

उम्र के सफ़र की अब है ये आख़िरी मंजिल
फिर भी उसकी चाहत की सुन रहा हूँ सरगम सी

तीरगी[5] नहीं जानम इब्तिदा[6] सहर की है
बारिशें भी आएँगी अब रफ़ीक़ छम छम सी

---

1. लगातार; 2. नाराज़; 3. माथा; 4. झंडा; 5. अँधेरा; 6. शुरुआत।

68

किसी जनम में तो वो अजनबी रहा होता
दिली तड़प का मुझे काश कुछ पता होता

तमाम मुश्किलें आसान हो गयीं होतीं
तू मेरे साथ अगर दो कदम चला होता

कभी कभी ही सही गर बहार बन के मिलो
कसम ख़ुदा की तेरी बाम[1] की घटा होता

यही तमन्ना है ये ज़िंदगी कटे ऐसे
के तेरे दर पे जियूँ बस वहीं फ़ना होता

तिरी समझ से परे आज मेरी हालत है
तुझे भी इश्क़ का काँटा कभी चुभा होता

मिरे नसीब मुझे आज़मा के क्या हासिल
बुरा नहीं था अगर वो मुझे मिला होता

'रफ़ीक़' वो तुम्हें अपना ख़ुदा समझता है
हरेक लफ़्ज़ मैं उसकी दुआ बना होता

---

1. छत।

69

वो आग तो बुझा दी शोले मचल रहे हैं
तूफ़ाँ सभी समझ लें हम भी अटल रहे हैं

कुछ ग़ौर तो करो तुम देखो हमें पलट के
खँडहर यही कहेंगे हम भी महल रहे हैं

हमने फ़रेब से ही ये ज़िंदगी गुज़ारी
मुख पे हँसी सजी थी नैना सजल रहे हैं

दिल की किताब पढ़ना कुछ तो ज़रूरी होगा
कैसे तुम्हें बताएँ वो जो ग़ज़ल रहे हैं

इतना सवाब[1] साक़ी तूने कमा लिया है
तेरी शराब पी कर काफ़िर बदल रहे हैं

अपनी तमाज़तों[2] से जब बर्फ़ को टटोला
कल तक पहाड़ थे जो कैसे पिघल रहे हैं

मालूम है हक़ीक़त सुनसान रास्तों की
फिर भी 'रफ़ीक़' क्यूँ अब हम तुम बहल रहे हैं

1. पुण्य; 2. गर्मी।

70

आशिक़ी को किसी काबिल कीजे
अब मुझे आप में शामिल कीजे

बस तुम्हीं बस रहे हो धड़कन में
बेदिली कैसी इसे दिल कीजे

रात को जब भी हो रौशन करना
यार की याद से झिलमिल कीजे

बादलों में जो छुपा है तब भी
चाँद है वो उसे कामिल[1] कीजे

फिर ज़माना तुम्हीं को चाहेगा
हार कर जीत को हासिल कीजे

होश की बात कभी करनी हो
पहले ख़ुद को ज़रा ग़ाफ़िल[2] कीजे

फ़ासले जब भी मुक़ाबिल हों तो
मौज बन कर उसे हासिल कीजे

---

1. सम्पूर्ण, पूरा; 2. बेखबर।

71

क़ातिल को कर दिया बरी ख़ंजर को दी सज़ा
जंगल तो अब बचे नहीं सहरा करें हरा

साथी अगर मिले तो जियें हम भी ज़िंदगी
जीवन नगर को छान के हमको है वो मिला

नफ़रत भरी शहर में तो चेहरों पे ख़ौफ़ है
साँसें लगें उधार की हर शख़्स है डरा

मौसम है कुछ अजीब या नज़रों का खोट है
बारिश रही निगाह में बस छाई है घटा

दूरी बड़ी लगे है मगर आस है यही
देखूँ उसे क़रीब से तो आये कुछ मज़ा

कुछ तो हमीं सुरूर में थे होश था किसे
उस पे तिरा शबाब है आफ़त या इक बला

बीमार इस क़दर कि सभी अलविदा कहें
मिलना उसे 'रफ़ीक़' अब ख़ुद में था शिफ़ा[1]

---

1. इलाज।

72

आँखों में सितारे हैं
काजल के इशारे हैं

इस तूफ़ान के चलते
मुश्किल में शिकारे हैं

लम्हे ज़िंदगी में सब
मर मर के गुज़ारे हैं

देखा जो कभी उसको
होंठों पे शरारे हैं

आँधी में बिखरते ही
वो गेसू सँवारे हैं

इतना तो भरोसा कर
हम तो बस तुम्हारे हैं

सूरत के तिरी नक़्शे
इस दिल पे उभारे हैं

मिसरों का बनो सानी
सब शेर कँवारे हैं

73

उन उजालों से अच्छी तो ये रात है
चाहिए क्या मुझे तू मिरे साथ है

जुस्तजू थी कि सावन की रिमझिम सुनूँ
बिन तिरे क्या घटा कैसी बरसात है

तेज़ आंधी में दिल दीप जलता रहा
बात मुश्किल से हो जो वही बात है

बदनसीबी नहीं है तो फिर और क्या
बाज़ी ए इश्क़ में क्यूँ मिरी मात है

बस उसी दिन से मैंने कभी पी नहीं
सामने मेरे गुज़री वो बारात है

बेक़सी तो है लेकिन हैं खुद्दारियाँ
जो रहम से मिले वो तो ख़ैरात है

74

ख़ामशी इक मुकम्मल ज़बाँ होती है
इश्क़ में बात यूँ ही बयाँ होती है

दिन गुज़ारा किसी तरह लेकिन जानम
रात मेरी तुम्हीं से जवाँ होती है

है निराला सलोना हमारा रिश्ता
आज कल ये मुहब्बत कहाँ होती है

शर्म की इन्तहा देख लो फ़ितरत में
वो कली देख ख़ुद को निहाँ[1] होती है

जब कहानी अलग मोड़ ले कर आए
तब समझना नई दास्ताँ होती है

गर्मियों से कहाँ ये चमन झुलसा था
शूल बन के चुभे वो खिज़ाँ होती है

आशिक़ों की चिता कब बुझी है यारो
देखते देखते बस धुआँ होती है

---

1. ओझल।

75

सिर्फ़ अपने लिए हों उजाले तो क्या
सिरफिरी भीड़ में दो सियाने तो क्या

रास्ते हम बदलते नहीं अब कभी
सामने जो खड़े हों हिमाले तो क्या

हम खुले आसमाँ के तले शाद थे
आज खुलते नहीं हैं दरीचे तो क्या

ये अना[1] ही नहीं ख़ुद्दारी[2] है सनम
फिर मिले ही नहीं दो निवाले तो क्या

सोग किस हार का तुम मनाते रहे
जब किए ही नहीं कुछ इरादे तो क्या

हिंद की सर ज़मीं से बड़ा कुछ भी नहीं
मस्जिदें हों कलीसे शिवाले तो क्या

---

1. अभिमान; 2. स्वाभिमान।

76

इस बेक़रार दिल को बहलाऊँ आप आएँ
किस तरह अब मैं इसको समझाऊँ आप आएँ

कुछ भी पड़े जो करना तुम पर न आँच आए
सब मुश्किलों से मैं ही टकराऊँ आप आएँ

नाराज़गी है कैसी कैसे ये फ़ासले हैं
जान-ए-तमन्ना अब तो घबराऊँ आप आएँ

है देखने की चाहत पर ये भी सोचता हूँ
ऐसी दमक से मुमकिन जल जाऊँ आप आएँ

सूखे गुलों को देखा तो ये ख़याल आया
मैं रोज़ रफ़्ता रफ़्ता मुरझाऊँ आप आएँ

जीना 'रफ़ीक़' तुम बिन मुश्किल तो हो चुका है
ऐसा न हो कि इक दिन मर जाऊं आप आएँ

77

अब मुलाक़ात भी नहीं होती
उनसे अब बात भी नहीं होती

गर मिली कोई नाज़नीं होती
दुश्मनी ख़ुद से फिर नहीं होती

वो मिला होता कुछ बरस पहले
दुनिया कहीं की कहीं होती

काश ऐसा कभी तो हो जाता
आपका दर मिरी जबीं होती

इश्क़ क्यूँ हो गया ख़ुदा जाने
चाक दामन न आस्तीं होती

नश्शा दोबाला[1] हो गया होता
मय अगर थोड़ी आतिशीं[2] होती

1. दुगना; 2. आग से भरी

78

ग़मों की रात लम्बी सही
ख़ुशी बस चार दिन की सही

दिलों का मेल हो तो चुका
बदन में फ़ासला ही सही

बहकती चाँदनी और हम
किसी इक रोज़ यूँ भी सही

नज़र से तुम पिला दो हमें
नहीं तो आज साक़ी सही

किसे है होश जान-ए-वफ़ा
नशे में ख़ैर गुज़री सही

'रफ़ीक़'-ए-जाँ बहलती मगर
ख़ुदा की हाय मर्ज़ी सही

79

ख़ुद को मिटाना ज़रूरी था
उस में समाना ज़रूरी था

हो न गुमान हवाओं को
दीप जलाना ज़रूरी था

लाश दिखी तो लगा सबको
भीड़ लगाना ज़रूरी था

बीच भँवर में सफ़ीने को
आज बचाना ज़रूरी था

नाम लिया न कभी जिसका
उसको बुलाना ज़रूरी था

एक 'रफ़ीक़' से अब मुझको
वादा निभाना ज़रूरी था

चन्द नज़्में

सफ़र

ज़िंदगी से मुहब्बत का सफ़र
कभी ख़त्म भी होना था
इस ज़िंदगी से जुदा भी होना था

नहीं है ग़िला ज़िंदगी तुझसे कोई
भरपूर जिया है तुझको
चक्खा है तेरे हर मौसम का स्वाद
रक़्स[1] किया है ख़ुशियों की फुहारों में
और
ग़मों की बारिश में भी किसी दरख़्त[2] का
साया नहीं तलाशा
दिल ने यही कहा
ये जिस्म रेत का तो नहीं जो बह जाएगा
सरकश[3] मौजों के रूप में जब आईं मुश्किलें
मैंने उन्हें साहिल की कमी महसूस नहीं होने दी

ज़िंदगी जब भी हुई शर्मिंदा
की उसकी हौसला अफ़ज़ाई
पीठ उसकी थपथपाई
कहा उससे
नहीं तुम्हारी ही सारी ख़ताएँ

---

1. नृत्य; 2. पेड़; 3. विद्रोही

कुछ ख़ताएँ मुझसे भी हुई हैं
कुछ जानते, बूझते
कुछ अनजाने में
कुछ तो शायद मालूम भी नहीं
लेकिन
ज़िंदगी से मुहब्बत का सफ़र
कभी ख़त्म भी होना था
इस ज़िंदगी से जुदा भी होना था

मुकर्रर[1] दिन था मौत का
अजीब शह है ये मौत भी
ख़ुद आई मेरा ख़ैर-मक़दम[2] करने
उस वक़्त
ज़िंदगी बोली, जा रहे हो?
हो कोई ख़लिश या कोई तमन्ना अधूरी
तो मुझे बताओ
कहा हँसकर मैंने
जो इस सफ़र में मुकम्मल[3] न हो सका
अगले सफ़र में वो कर लेंगे पूरा
बोली ज़िंदगी
कुछ रोज़ और जी लेते तो अच्छा होता

मौत सुन रही थी कान लगाकर
शरारत-भरी मुस्कुराहट लबों पे लिये
पर रही ख़ामोश
कुछ देर के बाद बोली मौत
मेरे साथ इस सफ़र में
कौन सी हसरत करोगे पूरी

---

1. तय; 2. स्वागत; 3. पूरा।

मेरी ख़ानकाह[1] में तो मर जाती हैं तमन्नाएं भी
मैंने कहा
ये सफ़र मेरा, तुम्हारे साथ नहीं
अब जो गुज़रेगा
वो तुम्हारा सफ़र मेरे साथ है

पहुँच कर मौत की ख़ानकाह में
सबसे पहले अपनी माँ के आँचल में
सर रख कर बोला मैं
जब से तुम गई हो
धूप की तपिश बहुत बढ़ गई है
वालिद से गले लगकर
मांगी माफी उन लम्हों की
जो उनके साथ नहीं बिताए

इसके बाद
सजने लगीं महफिलें
शेर ओ शायरी की
नगमों और गीतों की
मौत ही के दरबार में
मायूस निढाल रूहों की दुनिया में
पहली बार
वो ग़मगीन गुमनाम तारीक़[2] गलियाँ
गूंजने लगीं बेशुमार नगमों से
रक़्स कर पुकारा जाने लगा
आफ़ताब[3] और माहताब[4] को
कहा उनसे
इस दुनिया को भी तुम्हारी ज़रूरत है

---

1. आश्रम; 2. अंधेरी; 3. सूरज; 4. चाँद।

फिर खिलने लगी धूप
महकने लगी चाँदनी में
इश्क़ की ख़ुशबू

ये देखकर मौत बोली
क्यूँ आमादा हो मेरी दुनिया बदलने पर
क्यूँ आमादा हो ख़ुदाई का तवाज़ुन[1] बिगाड़ने पर
कहा मैंने उसे दुलारकर
तुम्हारी इस दुनिया को
ख़ासकर तुम्हें मुहब्बत की ज़्यादा ज़रूरत है
हैरान होकर मौत बोली
मुझसे मुहब्बत ?
मौत से मुहब्बत ?
मैंने उसे आग़ोश में भर लिया
कहा, मेरी जान तुम असल में मौत नहीं
मेरा मुस्तक़बिल[2] हो
मेरी बाँहों में कसमसाई वो
दबी-सी आवाज़ में बोली
मुझसे मुहब्बत कर पाओगे ?
बताया मैंने उसे
जान मेरी
तेरी दुनिया में तो मुहब्बत कब की फैल चुकी
ज़रा देखो तो सही
लेकिन मौत से भी मुहब्बत का सफ़र
कभी ख़त्म होना था
कहाँ सोचा था
पर मौत से भी जुदा होना था
मेरी और मेरे मुस्तक़बिल की
मुहब्बत की दास्ताँ

---

1. सन्तुलन; 2. भविष्य।

किसी शैतान ने सुना दी ज़िंदगी को
ज़िंदगी ने फिर बुला लिया मुझे
रुख़सती[1] पर मौत ने दिलाया याद
जो ज़िंदगी ने कहा था आख़िरी लम्हों में
कुछ रोज़ और जी लेते तो अच्छा होता
पूछा मैंने मौत से
सच कहो, क्या कहना चाहती हो मेरी जान
मेरी आग़ोश में सिमटकर
मेरी बाज़ुओं पर सर रखकर
अपनी कत्थई आँखें मेरी आँखों में डालकर
बोली मौत
मैं यूँ ही तुम्हारे साथ थोड़ा और मर लेती
तो अच्छा होता
मैं यूँ ही तुम्हारे साथ थोड़ा और मिट लेती
तो अच्छा होता

मैं ज़िंदगी के बुलाने पर
उसकी दुनिया चल पड़ा
पर दरवाज़े पे दस्तक देने से पहले
मेरे ज़हन[2] में ख़याल आया
कि इस ज़िंदगी की दुनिया में
लोगों में सादगी नहीं
रिश्तों में पायदारी नहीं
अपनों में अपनीयत नहीं
मुहब्बत में सुपुर्दगी नहीं
फिर तो ये ज़िंदगी भी
कोई ज़िंदगी नहीं
और मैं वापस चल पड़ा
अपने मुस्तक़बिल के दर पे

1. विदाई; 2. दिमाग।

मुझे वापस देख मौत हैरान होकर पूछने लगी
तुम ज़िंदगी को छोड़कर आ गए
मैंने कहा
मैं अपने मुस्तक़बिल को
तुमको क़ुबूल करने आया हूँ
तो आ मेरी जाने जाँ
मेरी बाँहों पे सर रख दे
मेरी आग़ोश में सिमट जा
हम जी भर के मिट लें
और इक-दूसरे में पूरी तरह
फ़ना हो जाएं

ज़िंदगी और मौत से मुहब्बत का सफ़र
कभी ख़त्म तो होना था
इस जिस्म को भी इक रोज़
फ़ना तो होना था

हमारी दुनिया

मेरे हमनफ़स[1] मेरे महबूब
हम दोनों के दरमियाँ
एक ख़ास तर्क-ए-ताल्लुक़[2] है
कोई फ़ासला नहीं
कोई रंज है न गिला कोई
हमारी एक दुनिया है
एक मुकम्मल[3] दुनिया
जिसमें
किसी और की गुंजाइश नहीं

ये हमारी दुनिया ईंट पत्थर से तामीर[4] नहीं की गई
बल्कि
इसे हमने अपने जज़्बात की तमाज़त[5] से तामीर किया है
और शायद ख़ुदा भी यही चाहता है कि
ये हमारी दुनिया ता-क़यामत आबाद रहे
वो दुनिया जिसकी कोई सरहद नहीं

इस दुनिया में दिन और रात
हम दोनों ही तय करते हैं
पहली चाय पर दिन होता है
दूसरी चाय की प्याली के साथ

---

1. इक साँस, दोस्त; 2. रिश्ता; 3. सम्पूर्ण; 4. बनाना; 5. गरमी।

शाम दस्तक देती है
इस दुनिया में
चाँद और सूरज भी नहीं
तू मेरा आफ़ताब[1] है जिसकी जानिब[2]
मैं बड़े फ़ख्र से देखता हूँ
और यही मेरे दिल में तवानाई[3] भर देता है
मैं तेरा महताब[4] हूँ
जिसे तू बेइंतिहा मुहब्बत करता है
अपनी जबीं[5] पर सजाता है
और सितारे हमारी आँखों में
इतने कि पूरी क़ायनात में नहीं
इस दुनिया में मौसम भी हमारी मर्ज़ी से बदलते हैं
तुम्हारी ठंडी आहें सर्दी का ऐलान करती हैं
हम दोनों की तमाज़त[6] गर्मी लेकर आती है
और जब तुम अपने बालों को झटकती हो
तब सावन आ जाता है
और पतझड़ का तो नामोनिशान नहीं

हमारी दुनिया में सुकून है
हम दोनों जज़्बात को बताने और महसूस
करने में
लफ़्ज़ों के मोहताज[7] नहीं
आवाज़ या कोई सरगोशी है भी
तो नग़मों, गीतों और शेर-ओ-आशार के हवाले से
कुछ अरसे बाद, शायद वो भी
बिन कहे समझ जाएँ

उस मकर-ओ-फ़रेब की दुनिया से
कुछ मासूम लम्हे चुराकर

---

1. सूरज; 2. तरफ़; 3. ऊर्जा; 4. चाँद; 5. माथा; 6. गरमी; 7. आश्रित।

अपनी दुनिया में आएँगे
और जाविदा[1] ज़िंदगी जियेंगे
हों दूरियाँ, मजबूरियाँ
हमें रोक नहीं पाएँगी
ये दुनिया ता-उम्र जाविदा रहेगी
जहाँ तुम हसीं मैं जवां रहूँगा
बशर्ते
हमें अपनी दुनिया पर
मुकम्मल भरोसा हो
और एक दिन
हम अपनी दुनिया में फ़ना हो जाएँगे
हमारी दुनिया
एक मुकम्मल दुनिया
जिसमें किसी और की गुंजाइश नहीं
और न ही वजह

---

1. शाश्वत।

शाम-ए-ज़िंदगी

ज़िंदगी के सफ़र में
कितने ही ख़्वाब ऐसे थे
जो रेज़ा[1] रेज़ा हो गए
कुछ को मैंने ख़ुद सीने में दफ़्न कर लिया
और कुछ ऐसे भी थे
जिन्हें देखने का हौसला ही न हुआ
ये सब मासूम ख़्वाब
ताबीर हो सकते थे
अगर तुम हमसफ़र होते

ज़िंदगी के सफ़र में
तुम अब जो मिले भी हो
ढलती दोपहर की पीली धूप
शाम के आने का इशारा कर रही है
जल्द ही ये शाम आएगी
और एक बार फिर
ख़्वाबों का वही हश्र[2] होगा
जो होता आया है
या फिर आने वाली शाम
रंगीन होगी सिंधूरी होगी
जिसके मुख़्तलिफ़ रंगों से कुछ रंग चुराकर

---

1. बिखरना; 2. परिणाम।

हम अपनी तस्वीर में भर लेंगे
इस शाम की ठंडक
अब तक के ज़ख़्मों पर मरहम का काम करेगी
मसर्रत[1] से भरी इस शाम में
हम दोनों और नग़में होंगे
नग़में मुहब्बत के इश्क़ के ख़ुमार के
और जब ये सिंधूरी शाम
सुरमई होने लगेगी
तो रात जो अब तक तमाशाई थी
ख़ुद कहेगी इस रंगीनी को
रंगीनी कुछ देर और रहने दो
मैं थोड़ी देर बाद आऊँगी

और जब रात आएगी भी
तो सिर्फ़ सियाह नहीं होगी
उसकी तारीकी[2] में
सितारों की झिलमिलाहट होगी
जो मुहब्बत करने वालों की आँखों में
चमक ले आएगी
फिर ख़्वाब देखे भी जाएँगे
और ताबीर भी होंगे
क्या ये सब होगा?
अब यही तय करना है
ज़िंदगी के सफ़र में

---

1. उल्लास; 2. अंधेरे।

तुम चलो मैं आती हूँ

ऐ मेरे महबूब
जब वो वक़्त आए
मैं तेरी आग़ोश में रहूँ
तेरी कत्थई आँखें
मेरी आँखों में झाँकें
तेरी नर्म साँसें
मेरो चेहरे को छूकर बोलें
मेरे महबूब
तुम चलो मैं आती हूँ

मेरे महबूब जब वो वक़्त आए
और कोई भी न हो
बस मैं और तुम हों
तेरी मुस्कुराहट मुझसे कहे
ये जहाँ हो या वो
कोई फ़र्क़ नहीं है
तुम चलो मैं आती हूँ

ऐ मेरे महबूब
जब वो वक़्त आए
कुछ कहने की ज़रूरत न हो
हर लम्हा जो गुज़रे

बस हम दोनों के दरमियाँ गुज़रे
हर पल तुम्हारे हवाले से कहे
तुम चलो मैं आती हूँ

ऐ मेरे महबूब
जब वो वक़्त आए
एक आँसू भी मत बहाना
हम जुदा कहाँ हो रहे हैं
बस तय्यारी है
इस जहान से
उस जहान जाने की
मैं यहाँ भी तुम्हारा हूँ
और वहाँ भी
बस इंतज़ार है कि तुम कहो
तुम चलो मैं आती हूँ

बंद मुट्ठी

ज़िंदगी
मेरी मुट्ठी से
रेत की मानिंद फिसलती जा रही है
दिखाई नहीं देती
और कभी महसूस भी नहीं होती
लेकिन मैं जानता हूँ
कि ज़िंदगी रेत की मानिंद
मेरी मुट्ठी से फिसली जा रही है
और अब जी चाहता है
कि मुट्ठी खोल ही दूँ

घुटन

चौ दिशाओं में
एक अजीब-सी घुटन है
जो खींचकर साँस ली भी जाए
तो सीने में दर्द उठता है
ये दर्द इतना शिद्दत से भरा है
के दोबारा साँस लेने से डर लगता है
साँसें ज़रूरी भी हैं
पर जीना जब ख़ुद अज़ीयत[1] बन जाए
तो इस दर्द से निजात[2] पा ली जाए
चौ दिशाओं में
एक अजीब-सी घुटन है

---

1. तकलीफ; 2. छुटकारा।

आ ज़िंदगी दो घड़ी नज़र मिला के बात करते हैं

कब तक नज़रें चुराएँगे इक दूसरे से हम
कब तक यूँ सच छुपाएँगे इक दूसरे से हम
कब तक यूँ ज़ख़्म खाएँगे इक दूसरे से हम
कब तक खिजल[1] उठाएँगे इक दूसरे से हम
तो चल सभी बीती बातें भुला के बात करते हैं
आ ज़िंदगी दो घड़ी नज़र मिला के बात करते हैं

अब तक तेरे मानी कुछ और समझता रहा हूँ मैं
हर साँस को तेरी निशानी समझता रहा हूँ मैं
हर लम्हे को तेरी मेहरबानी समझता रहा हूँ मैं
अपने आँसुओं को फ़क़त पानी समझता रहा हूँ मैं
तो आज अपने सारे भरम मिटा के बात करते हैं
आ ज़िंदगी दो घड़ी नज़र मिला के बात करते हैं

अपने इख़्तियार[2] का ही चर्चा रहा तेरी बातों में
मैं तलाश करता रहा प्यार तेरी बातों में
अपने वक़ार[3] का ही ख़ुमार रहा तेरी बातों में
मैं तलाश करता रहा क़रार तेरी बातों में
सारे इख़्तियारों की सरहदें गिरा के बात करते हैं
आ ज़िंदगी दो घड़ी नज़र मिला के बात करते हैं

---

1. परेशानी; 2. प्रभुत्त्व; 3. बडप्पन।

दो तिनके

आँधी, तूफ़ान, सैलाब
अँधेरी रात
रास्ता गुम, मंज़िल लापता
एक हाथ को दूसरा हाथ न सूझे
ख़ुद को अपना पता न मिले
एक पल के लिए
बिजली गिरते ही
चकाचौंध हो गई
और तूफ़ान में खोए हुए
आँधी में उड़ते हुए
दो तिनके
एक डाल पर
कुछ लम्हों के लिए
जुड़ गए

सोचता हूँ

सोचता हूँ
तिरी आँखों में सितारों की चमक
क्या कभी मद्धम हो सकेगी?
तिरी मुस्कुराहट की खनक
क्या कभी सरगम से कम होगी?
तिरी सादा लिबासी में छुपा शबाब
क्या मिरी आँखों से ओझल हो सकेगा?
तिरी आती-जाती साँसों की महक
किसी हवा के झोंके में खो जाएगी?
हमारे दरमियाँ जज़्बात की दहक
गुज़रते वक़्त के साथ ठंडी पड़ जाएगी?
हमारे देखे हुए ख़्वाब
ताबीर किए बिना ही रह जाएंगे?
या फिर
गुज़रते वक़्त की ये मौजें
हमारी मुहब्बत की तासीर में
और ज़्यादा शिद्दत भर देंगी
और हम बारिश की बूँदों में
एक-दूसरे का अक्स[1] देखेंगे
अपने ख़्वाबों को साकार करेंगे
एक मुकम्मल ज़िंदगी
और सुकून-भरी मौत की आग़ोश में खो जायेंगे
सोचता हूँ

1. प्रतिबिम्ब।

शहर में फ़ितरत[1]

नये दौर के बड़े शहर का बाशिंदा[2] हूँ
अक्सर सुबह को सैर पे निकलता हूँ
लेकिन इस सैर में कोई लुत्फ़ न था
सिर्फ़ जिस्म की कसरत होती थी
क्योंकि ये नये दौर का बड़ा शहर
ईंट-गारे की इमारतों से घिरा था
काली सियाह सड़कों से भरा हुआ
जिन पे चलते कितने ही लोगों को
गुम होते देखा था
पर एक भी शख़्स नहीं मिला
जिसे मंज़िल या हमसफ़र मिल गया हो
लेकिन
जब से इक शख़्स शहर में आया है
ये नये दौर का बड़ा शहर
जो फ़ितरत से कोसों दूर था
कितना बदला-बदला नज़र आने लगा है
अब जब भी सुबह के वक़्त
मैं सैर पे निकलता हूँ
वो काली सियाह सड़कें
हरी वादियाँ[3] मालूम होती हैं

---

1. प्रकृति; 2. निवासी; 3. घाटियाँ।

जिनसे गुज़रते वो मुसाफ़िर
मानो मंज़िल की तरफ बढ़ रहे हैं
वो सीमेंट की इमारतें
उन पहाड़ियों की तरह दिखाई देती हैं
जो इन हरी वादियों पर
ख़ैबर[1] की तरह पहरा दे रही हैं
जैसे इन हरी वादियों का सरमाया हों
इन ऊँची इमारतों पे चमकते साइन बोर्ड
लगता है सफ़ेद बर्फ़ पर
सितारों का अक्स[2] उभर रहा हो
और कल तक आते-जाते लोगों की भीड़
आज एक क़ाफ़िला लगती है
ये सीमेंट का शहर
कितना बदल गया है
बस एक शख़्स की बदौलत
और आज जब मैं सुबह सैर पे निकला
तो एक सदाक़त[3] भरी आवाज़ सुनाई दी
न जाने ये आवाज़
मंदिर मस्जिद कलीसे या गुरुद्वारे से आई थी
पर बिना जाने मेरा सर झुक गया
और दिल से यही दुआ निकली
कि इस फ़ितरत से कोसों दूर शहर में
हर शहरी की ज़िंदगी में
एक ऐसा शख़्स आए
जो सड़कों को
हरी वादियाँ
और इमारतों को
ख़ैबर बना दे

---

1. भारत और अफ़ग़ानिस्तान के बीच एक दर्रा; 2. प्रतिबिम्ब; 3. सच्चाई।

मक़बूल

वो मक़बूल[1] लम्हा
जब उसने
मुझे अपना बना लिया
और ख़ुद को
मेरे हवाले कर दिया
ये ज़िंदगी
उसी वक़्त
मुकम्मल हो गई
जीते जी
मोक्ष मिल गया
और अब
एक जिस्म है
जो न जाने क्यूँ
साँस ले रहा है
शायद
कुछ बचे हुए
फ़र्ज़ पूरे करने के लिए
वो मक़बूल लम्हा

---

1. क़बूल किया हुआ, प्यारा।

क्यूँ

ख़्वाब देखता हूँ क्यूँ
शाम सोचता हूँ क्यूँ
रात जागता हूँ क्यूँ
चाँद ताकता हूँ क्यूँ
ख़्वाब देखता हूँ क्यूँ

रेत छानता हूँ क्यूँ
मेघ हाँकता हूँ क्यूँ
खेत सींचता हूँ क्यूँ
प्राण फूंकता हूँ क्यूँ
ख़्वाब देखता हूँ क्यूँ

आँख मूँदता हूँ क्यूँ
आँख खोलता हूँ क्यूँ
जीत हारता हूँ क्यूँ
हार जीतता हूँ क्यूँ
ख़्वाब देखता हूँ क्यूँ

राग छेड़ता हूँ क्यूँ
मौज चीरता हूँ क्यूँ
ज़िंदगी ख़फ़ा मगर
खेल खेलता हूँ क्यूँ
ख़्वाब देखता हूँ क्यूँ

अजीब कशमकश में हूँ
के ज़िंदगी मुहाल है
सवाल दर सवाल हैं
जवाब ढूँढ़ता हूँ मैं
ख़्वाब देखता हूँ क्यूँ

❑❑